SCHATZKAMMERN UND HERRSCHERHÄUSER DER WELT

Црь і великіи
кнзь алеѯѣи
михаиловичь
всеа великіа
и малыя
и бѣлыя
росіи само
держецъ

SCHATZKAMMERN UND HERRSCHERHÄUSER DER WELT

DIE RUSSISCHEN ZAREN

von
Peter Andrews

Die Serie SCHATZKAMMERN UND HERRSCHERHÄUSER DER WELT *(Treasures of the World)* wurde entwickelt und realisiert von Tree Communications, Inc., und erscheint bei Stonehenge Press, Inc.

AUTOR DES VORLIEGENDEN BANDES: Peter Andrews schreibt regelmäßig für das *American Heritage*-Magazin und hat mehrere Bücher über amerikanische Geschichte verfaßt, darunter *A Tragedy of History, In Honored Glory* und *The Reluctant Hero.*

WISSENSCHAFTLICHER BERATER: Marina Kovalyov war Leiterin der Eremitage und des Museums für Ethnographie der Völker der Sowjetunion in Leningrad. 1979 ist sie nach Amerika emigriert und war wissenschaftliche Mitarbeiterin am Brooklyn Museum in New York.

Aus dem Englischen übertragen von Dr. Dieter Dörr
Redaktion: Vera Murschetz
Korrekturen: Irmgard Perkounigg

Lizenzausgabe 1989 für
Manfred Pawlak Verlagsgesellschaft mbH,
Herrsching

Textlayout der deutschsprachigen Ausgabe: Dieter Lidl
Satz: Fotosatz Völkl, Germering
Umschlaggestaltung: Bine Cordes, Weyarn
Printed in Yugoslavia

ISBN: 3-88199-620-6

UMSCHLAG: *Ein goldenes emailliertes Ei aus der Werkstatt des berühmten Goldschmieds Carl Fabergé zeigt Szenen aus dem Leben Nikolaus' II. und seiner Familie.*

TITELSEITE: *Alexei I., der zweite Romanow auf dem russischen Thron, in einem detailgetreuen und farbenfrohen Porträt aus dem 17. Jh. Er trägt eine Kronkappe und hält das edelsteinverzierte Zepter sowie den Reichsapfel in der Hand – die Insignien seiner Autorität.*

SEITE 4/5: *Auf dieser Ikone aus dem 16. Jh. führt der Erzengel Michael Iwan den Schrecklichen und seine Armeen zum Sieg. Die Szene verherrlicht die Eroberung einer mongolischen Stadt durch Iwan im Jahr 1552.*

OBEN: *Dieser in Form einer Melone gestaltete Samowar aus Gold und Silber wurde 1866 für Alexander III. gefertigt, bevor dieser den Thron bestieg. Auf der mit einer Krone verzierten Tülle sind seine Initialen eingraviert.*

INHALT

RUSSLAND 1530–1914

Rußland nimmt ein Sechstel der bewohnten Erdoberfläche ein. Das Reich des ersten Zaren, Iwan IV., war noch relativ bescheiden; aber er und seine Nachfolger weiteten es immer mehr aus. Die unterschiedlichen Farben der Karte zeigen die Ausdehnung Rußlands unter Iwan IV. im Jahr 1584, unter Peter I. 1689 und 1725, unter Katharina II. 1796 und unter Nikolaus II. 1914. Das Insert auf Seite 9 zeigt den Kreml mit seinen wichtigsten Gebäuden im Jahr 1584. Die Zitadelle wurde von drei Flußläufen umgeben und bildete zusammen mit dem benachbarten Roten Platz das Zentrum Moskaus.

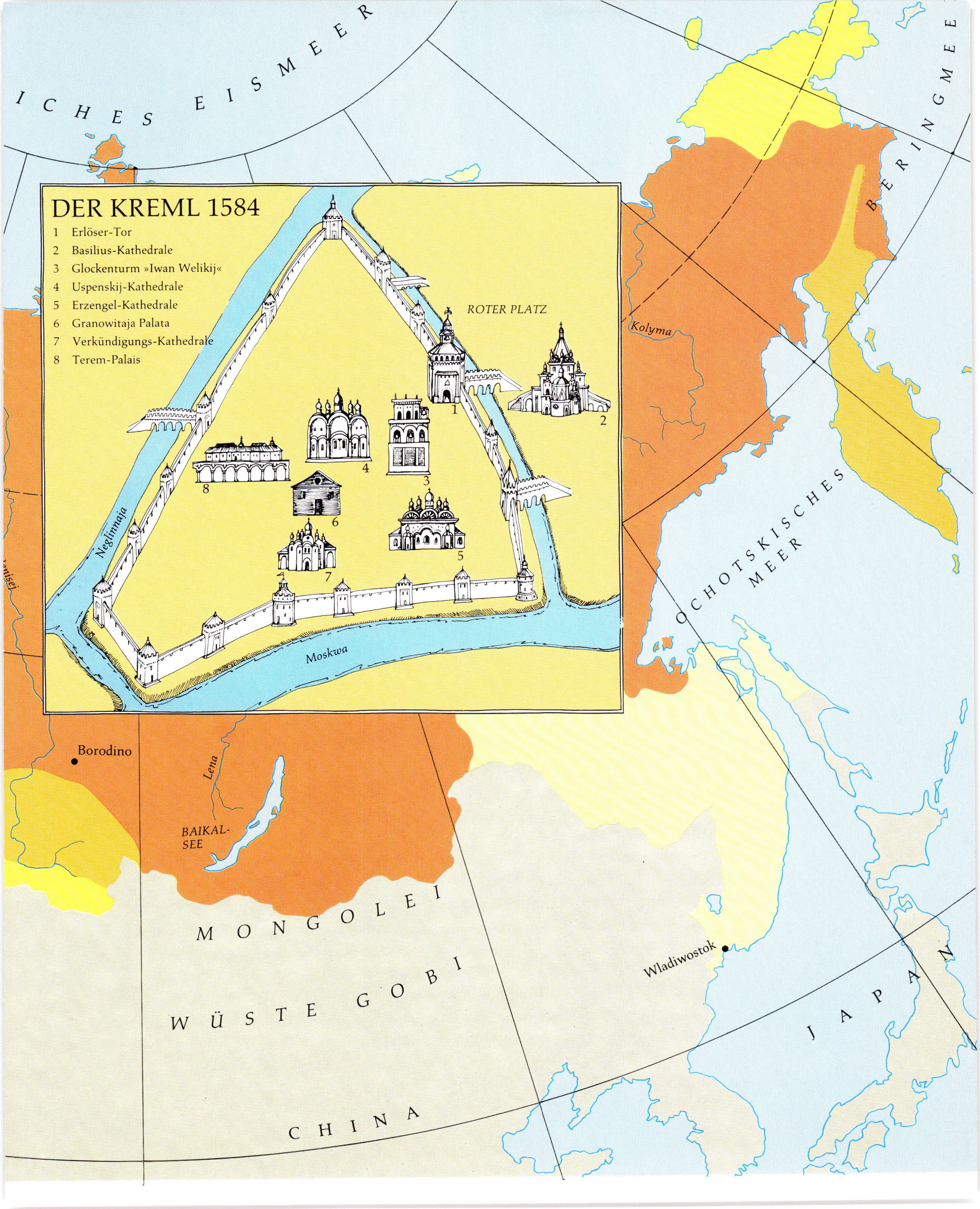

ICHES EISMEER
BERINGMEER
DER KREML 1584
1 Erlöser-Tor
2 Basilius-Kathedrale
3 Glockenturm »Iwan Welikij«
4 Uspenskij-Kathedrale
5 Erzengel-Kathedrale
6 Granowitaja Palata
7 Verkündigungs-Kathedrale
8 Terem-Palais
ROTER PLATZ
Neglinnaja
Moskwa
Kolyma
OCHOTSKISCHES MEER
Borodino
Lena
BAIKAL-SEE
MONGOLEI
WÜSTE GOBI
CHINA
Wladiwostok
JAPAN

I

IWAN DER SCHRECKLICHE

GRAUSAMKEIT, GEWALT – UND DIE HEILIGE IKONE

Auf der Suche nach dem nördlichen Seeweg nach China wagten sich englische Forscher im Jahr 1554 in die gefürchtete See der Arktis und landeten an der Küste eines fremden Landes. Der Gouverneur des Gebiets gab ihnen Obdach und sandte Boten in die weit entfernte Hauptstadt, um dem Zaren ihre Ankunft zu melden. Nach vielen Wochen erst kehrten die Boten mit dem Auftrag zurück, die Fremden in die Hauptstadt zu bringen. Mit Schlitten durchfuhren sie ein eisbedecktes, abweisendes Land, geleitet von rauhen Gesellen, die auf dem bloßen Boden unter freiem Himmel schliefen. In den Städten, die sie passierten, waren die Menschen so arm, daß sie von verdorbenem Fleisch leben mußten. Doch wenn sie hörten, daß die Fremden Gäste des Zaren waren, überließen sie ihnen großherzig ihre besten Pferde. Schließlich erreichten sie eine riesige, aus Holz erbaute Stadt, »unzivilisiert und ohne Ordnung«, wie der englische Kapitän Richard Chancellor sie beschrieb. Es war Moskau, die Hauptstadt Rußlands, in der Iwan IV., genannt »der Schreckliche«, regierte.

Nichts hatte die Engländer auf die blendende Erscheinung dieses Mannes vorbereitet. Nach Chancellors Bericht empfing der Zar sie in einer »langen Robe aus getriebenem Gold, mit der kaiserlichen Krone auf dem Haupt und einem Zepter aus Kristall und Gold in der Rechten«. Er war ein gutaussehender, stattlicher Mann mit wallendem rotbraunem Bart und strahlenden blauen Augen. Inmitten einer Schar von mehr als hundert, in goldene Gewänder gekleideten Höflingen hieß er die Fremden huldvoll willkommen und gab ihnen zu Ehren ein Fest, bei dem die Speisen auf goldenen

Dieses Porträt Iwans IV., genannt »der Schreckliche«, aus dem 17. Jh. gibt die Entschlossenheit eines Herrschers wieder, der sein Land zur Weltmacht führte.

Iwan III., genannt »der Große«, hinterließ seinem Enkel Iwan IV. das unschätzbare Erbe der Unabhängigkeit. Während seiner 43jährigen Regierungszeit stabilisierte er die russischen Grenzen und vertrieb die Mongolen.

Platten aufgetragen wurden, während der Zar ihnen aus einem edelsteinverzierten Pokal zutrank.

Trotz aller Pracht konnte sich der Hof Iwans IV. nicht mit der verfeinerten Eleganz der westeuropäischen Hauptstädte messen. Rußland war zu dieser Zeit eine noch junge und daher noch teilweise primitive Nation. Erst der Großvater Iwans IV., Großfürst Iwan III., genannt »der Große«, hatte unter dem Großfürstentum Moskau die russischen Territorien vereinigt. Dieses Reich erstreckte sich von Smolensk im Westen bis zum Ural und von den Küsten der Arktis bis zum Kaspischen Meer.

Von der Frühgeschichte dieser Region ist wenig bekannt. Zwischen dem 4. und 9. Jahrhundert wurde sie von einer Reihe von Nomadenvölkern durchstreift. Die ersten seßhaften Siedler waren die Slawen, ein Bauernvolk, das im 9. Jahrhundert aus dem Osten in die Ukraine gezogen war. Im selben Jahrhundert drangen außerdem die Normannen oder Waräger in dieses Gebiet vor und errichteten an der Wolga und am Dnjepr Handelsniederlassungen. Letztere wurde zum Ausgangspunkt des Kiewer Reichs oder der Länder der Rus, von denen später dann die Namen »Rußland« und »Russen« abgeleitet wurden. Der legendäre warägische (normannische) Heerführer Rurik wurde von der Herrscherfamilie des Kiewer Reichs als Ahnherr betrachtet, die sich nach ihm Rurikiden nannten. Sie organisierten als erste den Handel mit Fellen, Holz, Honig und Wachs in der Region. Auch Iwan der Schreckliche war noch ein Mitglied dieser Dynastie. Außer Kiew am Dnjepr und Nowgorod im Norden gründeten die Nachfolger Ruriks auch noch eine schäbige kleine Stadt an der Moskwa, die erst sehr viel später große Bedeutung erlangen sollte.

Moskau verdankt den späteren Glanz einer Reihe geschickter und skrupelloser Fürsten, die immer mehr Landstriche rund um ihre Hauptstadt erwarben, eroberten oder stahlen. Sie lebten im Zentrum der Stadt in einer Festung, die Kreml genannt wurde. Viele russische Städte wurden rund um einen solchen Kreml errichtet, in denen ihre Bewohner bei feindlichen Angriffen Schutz suchten – oder die Herrscher vor ihren Untertanen. Der Moskauer Kreml umfaßte schließlich rund achtzehn Hektar und war bebaut mit Palästen, Kirchen und Verwaltungsgebäuden. Von einer der Kremlmauern aus überblickte man einen riesigen Platz, den man den »Schönen Platz« nannte. Das russische Wort für

»schön« bedeutete zu jener Zeit auch »rot«. Und als »Roter Platz« ging er dann auch in die Geschichte ein.

Um die Mitte des 13. Jahrhunderts wurde das Gebiet von Moskau und weite Teile des übrigen Rußland von asiatischen Eindringlingen verwüstet. Diese »Mongolen« erschienen der Königin von Georgien, deren Reich zwischen dem Schwarzen und dem Kaspischen Meer lag, wie »hungrige Wölfe auf der Suche nach Beute und so kühn wie Löwen«. Sie sprach auch von einem »wilden Volk von Tartaren, die aus der Hölle zu kommen scheinen und mein Land überfallen haben«. Das war ein keineswegs ironisch gemeintes Wortspiel, da sich unter den mongolischen Armeen, die in Georgien einfielen, auch Angehörige des Stammes der Tataren befanden. Ihre Grausamkeit ließ sie in Anlehnung an den griechischen Mythos vom Tartaros, also den Abgrund, in den Zeus seine Gegner stürzte, zu »Tartaren« werden.

Unter Dschingis-Chan (höchster Herrscher) waren diese Völker aus der entfernten Mongolei aufgebrochen und eroberten zuerst im frühen 13. Jahrhundert China, bevor sie nach Zentralasien vorstießen. Noch unmittelbar vor seinem Tod schickte der »Ozeanische Chan« seine unbesiegbaren Scharen gegen Rußland. Seine Enkel vollendeten dann das Werk in einem mörderischen Kriegssturm. Der Chronist berichtete aus einer zerstörten russischen Stadt, daß nach dem blutigen Beutezug der Tataren »kein lebendes Auge mehr vorhanden war, um die Toten zu beweinen«. Nördlich des Kaspischen Meers errichteten die Tataren eine riesige Zeltstadt, von der aus sie die unterworfenen Gebiete regierten. Mehr als zwei Jahrhunderte lang mußten die russischen Völker drückende Tribute an die Eroberer zahlen. Den einheimischen Fürsten und Bojaren (Edelleuten) gewährten sie allerdings eine begrenzte politische Autonomie. Obwohl die Tataren Moskau niederbrannten, trugen sie dennoch zu seinem Aufstieg bei, indem sie die bis dahin führende Stadt Kiew noch gründlicher zerstörten und die Führung der russisch-orthodoxen Kirche daraufhin ihren Sitz nach Moskau verlegte.

Rußland war um 990 mehr oder weniger abrupt und spektakulär zum Christentum bekehrt worden. Fürst Wladimir von Nowgorod, unzufrieden mit den heidnischen Waldgöttern und Flurgeistern, hatte Kundschafter ausgesandt, um die vier wichtigsten Religionen der Zeit – Islam, Judentum, römisch-katholisches und

Dieser aus dem 16. Jh. stammende Holzschnitt eines deutschen Reisenden zeigt die Geschicklichkeit der Russen beim Gebrauch von Schneeschuhen und Schlitten. So beeindruckt fremde Besucher von diesen Fähigkeiten waren, so verständnislos standen sie einigen russischen Sitten gegenüber. So durften Frauen beispielsweise nur selten das Haus verlassen, oft nicht einmal zum Gottesdienst.

griechisch-orthodoxes Christentum – auf ihre Eignung zu untersuchen. Vielleicht entschied sich der Fürst nur deswegen schließlich für die orthodoxe Variante, weil ihm seine Abgesandten aus Konstantinopel, der Hauptstadt des Byzantinischen Reichs, berichteten, daß sie im Gottesdienst nicht wußten, ob sie »im Himmel oder auf der Erde« seien – so prächtig und sinnenberauschend war er. Auf jeden Fall befahl er seinen Untertanen, sich unverzüglich taufen zu lassen, wobei hartnäckigen Heiden mit dem Schwert nachgeholfen wurde.

Mochte das Christentum den Russen auch aufgezwungen worden sein, es bemächtigte sich sehr rasch der russischen Seele. Die Kirche führte das Land aus der Barbarei, schuf die Grundlagen für ein Nationalgefühl und inspirierte die Künste zu herrlichen Schöpfungen. Nach der Brandschatzung Kiews wurden die unermeßlichen Kirchenschätze in den Moskauer Kreml gebracht, zum Sitz des Patriarchen, des Hauptes der russisch-orthodoxen Kirche. So wurde Moskau für die Gläubigen der russischen Orthodoxie, was Rom für die römisch-katholische Christenheit darstellte – die Heilige Stadt. Und wer immer in Moskau regierte, tat es im Namen Gottes, auch wenn dieser Herrscher eher ein Teufel als ein Heiliger war wie zum Beispiel Iwan der Schreckliche.

Von seinen frühesten Jahren an neigte er zur Grausamkeit, die nicht zuletzt darin ihren Ursprung hatte, daß er sie in der düsteren Umgebung des Kreml mit seiner Atmosphäre des Terrors verbringen mußte. Eines Nachts stürmte eine Horde Bewaffneter in sein Schlafgemach, und er sprang in Todesangst aus dem Bett. Aber sie suchten ein anderes Opfer, einen Priester, der bei einer Palastrevolte die falsche Seite gewählt hatte. Da Iwans Vater Wassili III. starb, als Iwan erst drei Jahre alt war, übernahmen die Bojaren seine Erziehung und die Macht im Großfürstentum.

Um die politischen Ambitionen des Heranwachsenden zu neutralisieren, förderten die Bojaren Iwans Anlagen zu Gewalt und Sadismus. Griff der Junge beispielsweise auf den Straßen Moskaus hilflose Opfer an, die sich nicht zu wehren wagten, applaudierten sie ihm. Als er zehn Jahre alt war, bestand eines seiner Lieblingsspiele darin, Hunde von den Kremlmauern zu werfen und sich an ihren Todesqualen zu weiden.

Am meisten litt Iwan unter der Härte des Bojaren Andrej Schujskij, dem Regenten von Moskau. Dieser setzte Iwan auf ma-

Die Gesandten Iwans des Schrecklichen traten im Westen in reich bestickten Gewändern auf und beachteten strikt das Protokoll. Hier besucht eine Gruppe Moskauer Bojaren im Jahr 1576 den Hof eines deutschen Fürsten; sie halten sich genau an die Rangordnung und bringen Pelze als Geschenke.

gere Diät und drohte fortwährend, Iwans einzigen Freund umbringen zu lassen. Mit dreizehn hatte der Schüler dann seine Lektion in Brutalität gelernt; wenn auch nicht so, wie es sich sein Lehrer vorgestellt hatte. Im Dezember 1543 erschien Schujskij ohne die übliche Leibwache im Kreml. Iwan befahl darauf seinen eigenen Leibwächtern, ihn zu ergreifen und in den Kerker zu werfen, wo der Regent zu Tode geprügelt wurde. Noch kühner war sein nächster wohldurchdachter Schachzug, mit dem er im Jahr 1547 nicht nur den Großfürstentitel seines Vaters, sondern auch den eines Zaren annahm. Schon im Wort Zar – einer aus dem lateinischen Cäsar abgeleiteten Kurzform – wird sein Anspruch auf kaiserliche Macht deutlich.

Während der feierlichen Krönung, die im selben Jahr stattfand, wurde der erste Zar dreimal von seinen Bojaren mit Gold- und Silbermünzen überschüttet, was Ruhm und Reichtum symbolisieren sollte. Nur wenige Wochen nach der Krönung heiratete der junge Zar Anastasia Romanow, die liebreizende, kluge Tochter einer etwas obskuren Adelsfamilie. Die Verbindung sollte sich als recht glücklich erweisen, da Anastasias sanftes Wesen Iwans gewalttätigen Geist zu mäßigen vermochte.

In den ersten Jahren seiner Herrschaft war Iwan sogar ein aufgeklärter Reformer. So schuf er ein neues Gesetzbuch und gewährte den Städten bei lokalen Entscheidungen eine gewisse Autonomie. Er berief auch eine Nationalversammlung ein, die ihn bei politischen Entscheidungen beraten sollte. Regelmäßig konsultierte er hohe Kirchenfürsten und hatte auch einen Priester in seinem persönlichen Beraterstab.

Darüber hinaus plante er eine großangelegte Kampagne gegen Rußlands Erzfeinde, die Tataren. Sie beherrschten die Chanate von Kasan und Astrachan, durch die die Wolga fließt, deren Oberlauf nicht weit von Moskau entfernt ist. Iwan wollte den Eindringlingen das ganze Gebiet bis zum Kaspischen Meer entreißen, um einen lukrativen Handels- und Verkehrsweg zu eröffnen. Im Jahr 1552 marschierte er mit einer Armee von 150000 Mann nach Süden. Unterstützt von seinen Pionieren, die die Wehrtürme der Stadt unterminierten, nahm er Kasan ein. Und im Jahr 1556 fiel auch Astrachan an den Zaren, wodurch die Wolga erstmals in der Geschichte in ihrem Gesamtverlauf russisch wurde. Diese Siege brachen die Macht der Tataren allerdings nur zum Teil. Noch

FORTSETZUNG SEITE 22

EIN FAIBLE DES ZAREN

Johannes der Täufer, der die Ankunft Christi verkündete, ist auf dieser Ikone sowohl göttlich inspirierter Abgesandter wie reale menschliche Gestalt. Die farblich gut getroffenen Hauttöne sowie der filigrane Heiligenschein geben zusammen mit dem silbervergoldeten, geprägten Hintergrund ein anschauliches Beispiel für die künstlerische Perfektion der zur Moskauer Schule des 16. Jhs. gehörenden Ikonenmaler.

Für die Gläubigen der russisch-orthodoxen Kirche waren die Abbildungen der Heiligen sozusagen die Fenster zur Ewigkeit. Selbst in der ärmsten Hütte gab es einen Ehrenplatz mit zumindest einer Ikone, vor der das tägliche Gebet verrichtet und Kontakt zur anderen Welt gesucht wurde. In den großen Kathedralen, wie zum Beispiel der des Erzengels in Moskau, bildeten Hunderte von Ikonen die Ikonostase, durch die der Altarraum vom übrigen Kirchenraum getrennt wurde. Eine von den Kirchenführern streng überwachte Tradition begrenzte die Themen der Ikonen auf einen festen Kanon, vor allem in Zusammenhang mit dem Leben Jesu. Iwan IV., der sich zugleich als Haupt der Kirche und des Staates verstand, nahm gegenüber der Kunst der Ikonenmalerei einen besonders konservativen Standpunkt ein. »Die heiligen und verehrungswürdigen Ikonen«, erklärte er vor einem Kirchenkonzil 1551, »müssen weihevollen Themen vorbehalten bleiben.« Und die Kirchenführer stimmten mit dem Zaren überein, daß »die Maler in nichts nur ihrer Phantasie folgen dürfen«. Der einfallsreiche Tyrann verschaffte sich durch die Gründung regierungseigener Werkstätten für Ikonenmalerei Einfluß auf diese Kunst, nachdem ein verheerendes Feuer 1547 viele architektonische und bildnerische Meisterwerke der Hauptstadt vernichtet hatte. Einige der besten Maler arbeiteten persönlich für Iwan und seine Familie, die die Werke dann oft Kathedralen oder Klöstern stifteten. War eine der Ikonen »nach dem Geschmack des Zaren«, so wurde sie zu den besonders herausragenden Schöpfungen der Moskauer Schule gezählt. Einige dieser Meisterwerke verletzten vielleicht durch auffallende dramatische Gestaltung oder Farbenwahl die strengen Regeln, doch in jedem Fall trat die Originalität hinter der Hauptabsicht zurück – der Schaffung eines heiligen Objekts.

Diese aus dem 12. Jh. stammende Ikone (rechte Seite) wird nach der Provinzstadt, in der sie zuerst verehrt wurde, »Die Gottesmutter von Wladimir« genannt. Vielleicht genoß die Gottesmutter wegen ihres sanften, melancholischen Ausdrucks die besondere Zuneigung des Volks. Nach 1395 hing sie in einer Moskauer Kirche. Sie zählte zu den von Iwan IV. besonders geschätzten Ikonen.

Wie ein prächtiger Empfang bei Hof wirkt auf dieser Ikone aus einer Werkstatt Iwans IV. der Einzug Christi in Jerusalem.

Die von Engeln behütete Jungfrau Maria schwebt über flachen Hügeln, an deren Fuß eine Prozession von Gläubigen wandelt.

Auf diesem Ausschnitt der auf Seite 19 gezeigten Ikone lobpreisen Priester und Sänger in prächtigen Roben die Heilige Jungfrau. Die sie flankierenden Heiligen sind von Glorien aus Silberfiligran umgeben. Der amtierende Priester in der Mitte wird durch sein strahlendes Gewand besonders hervorgehoben.

FORTSETZUNG VON SEITE 15

über Jahrhunderte hinweg sollten sie ein Problem für Rußland bleiben.

Aus Dankbarkeit über diese Siege, die Iwan göttlicher Unterstützung zuschrieb, baute er die prächtige Basilius-Kathedrale auf dem Roten Platz. Rund um die Hauptkirche wurden neun Nebenkirchen errichtet, die wie die Basilius-Kathedrale alle mit zwiebelförmigen Kuppeln gekrönt wurden. Das Innere der Kathedrale erstrahlte im Glanz zahlreicher religiöser Abbildungen. Diese Ikonen waren zweidimensionale Darstellungen mit Szenen aus dem Leben Jesu, der Heiligen Jungfrau und anderer heiligen Gestalten. Die Einfachheit und Naivität der Ikonen verlieh ihnen eine besondere Eindringlichkeit. Die russische Vorliebe für Pracht äußerte sich vor allem in den Rahmen, den kunstvoll geschmiedeten Gold- und Silberarbeiten, die mit Edelsteinen verziert waren. Iwan war in edles Geschmeide vernarrt, und seine Insignien zählten zu den prächtigsten in Europa. Der Gesandte des Heiligen Römischen Reichs berichtete über Reichsapfel, Zepter und Krone des russischen Herrschers, daß er nie »etwas Kostbareres oder Schöneres in seinem Leben« gesehen hätte. Der Zar besaß mehrere Kronen, und es kam vor, daß er sie bei einem Staatsbankett zwischen den einzelnen Gängen wechselte.

Bei diesen festlichen Gelegenheiten trug Iwan eine mit Gold gefaßte und mit Perlen übersäte Brokatrobe, mit der er nicht selten Hunderte, wenn nicht gar Tausende von Gästen beeindruckte. Er galt als guter Gastgeber, obwohl es geschehen konnte, daß er zwischendurch einen aufsässigen Bojaren in den Weinkeller schickte, wo man ihn strangulierte. War er aber guter Laune, verteilte er golddurchwirkte Gewänder an seine Gäste und gruppierte sie um vergoldete Tische. Bei besonders prächtigen Anlässen wurden im Festsaal die schönsten Stücke aus dem kaiserlichen Schatz zur allgemeinen Bewunderung ausgestellt. Lange Reihen von Dienern und Höflingen trugen die in Form exotischer oder mythischer Tiere gestalteten Pokale und Gefäße herein, wie zum Beispiel Strauße, Einhörner, Löwen und sogar ein Rhinozeros.

Dem Glanz der frühen Regierungsjahre folgte eine Zeit des Schreckens und des Terrors. Auslöser war der Tod von Iwans Gattin Anastasia Romanow im Jahr 1560. Der Zar hatte seine Frau angebetet; immer wieder war es ihr gelungen, sein wildes Temperament zu zügeln. Die Trauer und das Wehklagen schwächten ihn

Auf diesem Holzschnitt aus dem Jahr 1582 zeigt Iwan der Schreckliche der Menge einen abgeschlagenen Kopf. Die Darstellung verweist auf die Mordlust dieses wahnwitzigen Zaren. So ließ Iwan mindestens 30 000 Bürger Nowgorods auf grausame Weise hinrichten, weil er ihre Kirchenführer des Verrats verdächtigte.

so sehr, daß er bei ihrer Bestattung nicht mehr stehen konnte. Und sein Schmerz wurde auch durch die Zeit nicht geheilt, sondern steigerte sich und endete im Verfolgungswahn. Er verdächtigte seine Bojaren, Anastasia vergiftet zu haben, und sah sich überall von Verrätern umgeben. Sein verwirrter Geisteszustand führte im Jahr 1564 dazu, daß er plötzlich abdankte und Moskau verließ. Unglücklicherweise überredeten ihn seine Anhänger dazu, diese Entscheidung rückgängig zu machen.

Iwan hatte inzwischen einen aufsehenerregenden Plan entwickelt. Von jetzt an sollte das Staatsgebiet geteilt werden: Eine Hälfte unterstand als »Dominium« *(semschtschina)* der Herrschaft der Bojaren, die zweite *(opritschnina)*, das »ausgesonderte Land«, war Iwans persönliches Eigentum. Aus diesem bei Moskau eingerichteten Sonderverwaltungsbezirk ließ der Zar den alten Adel einfach aussiedeln oder umbringen und verteilte das Land an Dienstadlige, die er zugleich als Leibwache einsetzte. Mit dieser Armee aus bis zu sechstausend schwarz vermummten Männern brach er den Widerstand des Hochadels und der Kirche gegen seine Politik. Sie galoppierten brandschatzend auf Rappen durchs Land, mit abgeschnittenen Hundeköpfen als Symbol ihrer Grausamkeit an den Sätteln, und verbreiteten Todesangst.

Im Januar 1570 kannte Iwans Mordlust keine Grenzen mehr; er verdächtigte damals einige Kirchenführer von Nowgorod der Untreue und marschierte mit einer Armee gegen die Stadt. Barbarisch ließ er fünfhundert Mönche und Nonnen zu Tode prügeln, bevor er am nächsten Tag das Urteil über den Rest der Stadt verhängte. Tag für Tag wurden an die tausend ihrer Einwohner vor Iwan gebracht, gefoltert und getötet. Der Zar dachte sich dazu immere neue Varianten aus: Die Opfer wurden zu Tode gepeitscht, zerstückelt, über Feuern geröstet, von Wällen geworfen oder unter das Eis des Flusses gedrückt. Erst nach vier Wochen und mit dreißigtausend Toten war der Blutdurst des Zaren gestillt.

Seine Brutalität erreichte in der Ermordung seines Sohns ihren Höhepunkt. Iwan begegnete eines Nachts in seinem außerhalb Moskaus liegenden Palast seiner schwangeren Schwiegertochter, die nichts als ein Nachthemd trug. Außer sich über dieses unzüchtige Verhalten, schlug er sie so heftig, daß sie später eine Fehlgeburt erlitt. Der wütende Zarewitsch warf sich dazwischen und beschimpfte seinen Vater, worauf dieser mit dem eisernen Zepter nach ihm schlug. Der Zarewitsch wurde an der Schläfe getroffen und stürzte zu Boden. Erschrocken schrie Iwan nach den Ärzten, doch jede Hilfe kam zu spät.

Von Selbstvorwürfen gequält, begleitete der Zar die Kutsche mit dem Leichnam seines Sohns über einhundertzwanzig Kilometer zu Fuß nach Moskau. Vor der Bestattung befahl Iwan, den Sarg mit Juwelen aufzufüllen. Vielleicht hoffte er, die ihnen zugeschriebenen magischen Kräfte würden den toten Sohn ins Leben zurückrufen …

Die verbleibenden zweieinhalb Jahre seiner Regierungszeit verbrachte der Zar in verwirrtem Geisteszustand. Abwechselnd von hysterischen Lach- und Weinkrämpfen geschüttelt, irrte er durch den Kreml. Eine Krankheit führte dazu, daß sein Leib einen schrecklichen Geruch ausströmte, und als im Jahr 1584 über Rußland ein Komet in Form eines brennenden Kreuzes erschien, nahm Iwan das als weiteres Zeichen für seinen bevorstehenden Tod. Er ließ sechzig Hexen kommen, die ihn durch Bannsprüche und Geheimessenzen von seinem Leiden kurieren sollten. Doch nachdem sie die Sterne befragt hatten, sagten sie ihm seinen Tod auf den 18. März voraus.

In den Wochen vor diesem mit Angst erwarteten Tag ließ sich der Zar jeden Tag von seinen Höflingen in die Schatzkammern tragen, um dort vielleicht etwas Trost oder gar Heilung zu finden, denn noch immer glaubte er an die Magie der Edelsteine. In bizarren Ritualen liebkoste er seine Rubine, Saphire und Diamanten und beschwor ihre heilenden Kräfte, bis er das Bewußtsein verlor und zurück ins Bett gebracht werden mußte. Am 17. März brach Iwan der Schreckliche am Schachtisch zusammen und verstarb.

Das Leben dieses Zaren weist wie die gesamte russische Geschichte eine Vielzahl ironischer Aspekte auf. Sein brutaler Wahnsinn hatte ihn zum mächtigsten Mann des Reichs gemacht. Doch durch die Tötung des Zarewitsch hinterließ er den Thron seinem schwachsinnigen Sohn Fjodor. Iwan IV. selbst hatte schon gesagt, daß Fjodor besser Küster als Zar werden sollte. Eine besondere Ironie aber findet sich in Iwans künstlerischer Hinterlassenschaft. Denn eine der sublimsten geistigen und religiösen Schöpfungen des Menschen, die Ikone, wurde in der Regierungszeit dieses blutdürstigen Herrschers durch ganz neue Darstellungsformen bereichert.

GOTT ZUR FREUDE

Ein Enkolpion mit einer Kamee. Diese Reliquienkapsel ist eines der vielen wertvollen Geschenke, die Iwan und seine Familie der Kirche machten.

In den Augen der meisten Russen war Moskau nach dem Fall Roms und Konstantinopels – der Hauptstadt des Oströmischen Reichs – das »dritte Rom« und die wahre Hauptstadt des Christentums. Iwan nutzte seine – wie er meinte, von Gott kommende – absolute Machtstellung dazu, sich zur Vaterfigur des Landes zu machen und der orthodoxen Kirche von Moskau besonderen Glanz zu verleihen. Dank seines Großvaters gab es schon eine ganze Reihe prächtiger Kirchen, so die Erzengel-, die Uspenskij- (oder Mariä-Himmelfahrts-) und die Verkündigungs-Kathedrale. Iwan fügte dem noch die prächtigste aller russischen Kirchen hinzu, die des heiligen Basilius, und umgab sie mit neun Nebenkirchen.

Der Zar und seine Familie statteten diese und andere Kirchen mit wertvollen sakralen Gerätschaften aus, von denen einige auf den folgenden Seiten abgebildet sind. Sie konnten sich durchaus mit den für den persönlichen Bedarf der Zarenfamilie bestimmten Kunstwerken messen. Die Handwerker der kaiserlichen Werkstätten waren Meister in der Verarbeitung von Edelmetallen, vor allem in den Techniken der Filigranarbeit, des Bossierens und des Niellierens. Beim Niellieren wird eine schwärzliche Legierung aus Silber, Blei, Kupfer, Schwefel und Salmiak, das Niello, in eine gravierte Zeichnung eingeschmolzen, so daß diese sich von der glänzenden Metallfläche abhebt. Auch andere europäische Goldschmiede kannten diese Technik, doch der emailähnliche, schwarz-samtene Effekt der Moskauer Künstler blieb unerreicht.

Die Goldschmiede des Zaren waren auch überaus geschickt beim Einfügen wertvoller Steine in Reliquiare, Meßkelche und Bucheinbände. Diese Pracht war nicht nur ein Tribut an Iwans christliche Hingabe, sondern repräsentierte zugleich auch den Reichtum seines Herrschaftsgebiets, dessen Handelsstraßen den Orient mit Westeuropa verbanden. Ganz besonders beliebt bei der Zarenfamilie war die einheimische Süßwasserperle, die in den russischen Flußläufen überreichlich vorkam. Iwans perlenübersäte Roben verblüfften seine ausländischen Gäste. Und ganz sicher hoffte er auch, daß die Prunkgefäße der Kirchen und die Prachtgewänder der kirchlichen Würdenträger das Volk vor Ehrfurcht verstummen ließen. Eines seiner wertvollsten Geschenke war zweifellos das auf Seite 29 abgebildete Kreuz, das auf den Seiten 30/31 im Detail gezeigt wird. Es ist eine Votivgabe seiner Familie. So zügellos Iwan der Schreckliche in vielem war – im Grund seines Herzens war er vielleicht ebenso fromm wie der Letzte seiner Leibeigenen.

Der aus vergoldetem Silber gearbeitete Einband dieses Evangeliars wurde von den Goldschmieden des Zaren für die Uspenskij-Kathedrale in Moskau geschaffen. Er ist ein besonders schönes Beispiel für die Kunst des Filigrans. Vor dem Hintergrund aus fein gehämmerten und »gezwirnten« Drähten erhebt sich die gegossene Gestalt des gekreuzigten Christus. In den vier Ecken sieht man die vier Evangelisten Matthäus, Markus, Lukas und Johannes.

Perlen, Saphire und Almandine sind in den aus vergoldetem Silber bestehenden Rahmen dieser Ikone inkrustiert. Die Ikone ist ein Geschenk von Iwans Familie an ein Nonnenkloster.

Das kunstvoll emaillierte Rankenmuster auf diesem orthodoxen Dreifachkreuz ist charakteristisch für die Moskauer Goldchmiedekunst aus der Zeit Iwans. Eine Inschrift auf der Rückseite verrät, daß er es »für die Gesundheit von Zarewitsch Iwan und Fjodor«, seinen Söhnen, einem Kloster gestiftet hatte.

SEITE 30/31: *Dieses Detail des auf Seite 29 abgebildeten Kruzifixes zeigt die aus Gold gegossenen Gestalten Christi und zweier Heiliger. Das Kreuz ist von einheimischen Perlen eingefaßt.*

ΜΡ ΘΥ

IωA

Seltsamerweise mochte Iwan keine Diamanten. Deshalb ließ er auch diesen fast 60 cm hohen Einband für ein Evangeliar, das 1571 für die Verkündigungs-Kathedrale im Kreml bestellt wurde, mit Saphiren, Rubinen und Topasen verzieren. Gemäß dem Zeitgeschmack wurden nur wenige der Steine geschliffen; viele verwendete man in ihrer natürlichen Form. Der Hintergrund des Einbandes ist bedeckt mit Filigranornamenten – kunstvoll verschlungenen Weinreben mit winzigen Goldtrauben. In dem Detail auf der gegenüberliegenden Seite trägt der vor einem Schreibpult sitzende Evangelist Markus einen Heiligenschein aus Edelsteinen.

IC XC

Dieses 6 mal 11 cm große Reliquiar (rechts) zeigt eine wundervoll niellierte Darstellung der Märtyrerin Irina, die verbrannt wurde, weil sie ihrem christlichen Glauben nicht abschwören wollte. Auf der anderen Seite des Reliquienbehälters (linke Seite) ist die Jungfrau Maria mit dem Jesuskind abgebildet. Zar Fjodor I. schenkte das kleine Kunstwerk seiner Gemahlin Irina. Wahrscheinlich hielt diese es während ihrer täglichen Gebete in der Hand. Dieses Geschenk verband religiöse Hingabe mit liebevoller Zuneigung, da der Zar hoffte, daß es seine Frau vor allem Bösen beschützen werde.

Diese farbenprächtige Stickerei stammt aus einer Werkstatt der Zarin Irina. Das kostbare Tuch wurde über das Heilige Abendmahl gebreitet, über Brot und Wein, die während des Gottesdienstes gereicht wurden. Engel beten das Jesuskind an, das zu Gottvater und dem Heiligen Geist aufblickt. Der Untergrund aus Damast ist mit Perlen, Edelsteinen und feinen Stickereien verziert.

Nach Fjodors Tod im Jahr 1598 stiftete Irina diesen goldenen Meßkelch zum Gedenken an ihren Gemahl einer Kreml-Kathedrale.

Neben feinem Rankenwerk gravierten die Goldschmiede des Kreml Porträts der Heiligen Jungfrau (links), Christi (Mitte) und Johannes des Täufers (rechts) auf den Rand des von Irina gestifteten Meßkelchs.

Dieses ungewöhnliche Weihrauchgefäß wurde im Jahr 1598 von Irina der Erzengel-Kathedrale zum Geschenk gemacht. Die dankbaren Kleriker benutzten es nur an besonders hohen Feiertagen, auf keinen Fall häufiger als neunmal pro Jahr. Die fensterähnlichen Öffnungen sind von kunstvollen Niellierungen umrahmt und geben dem sakralen Gefäß mit der zwiebelförmigen Kuppel das Aussehen einer Miniaturkirche.

SEITE 42/43: *Auf einer Seite des Räuchergefäßes sind von links nach rechts die Apostel Paulus, Markus, Lukas, Andreas und Bartholomäus abgebildet. Sie bewegen sich so natürlich auf dem goldenen Untergrund, als ob der Künstler sie nach lebenden Modellen graviert hätte.*

АПЛЪ ПАВЕЛЪ
МАРКО
АПЛЪ

АПЛЪ · АНДРѢ

II

DIE ERSTEN ROMANOWS

DIE GRÜNDUNG EINER DYNASTIE

Zar Fjodor I. Iwanowitsch verbrachte, wie sein Vater vorausgesehen hatte, die glücklichsten Stunden als russischer Herrscher auf einem Glockenturm und ergänzte mit seinem Geläute das der übrigen Moskauer Glocken. Während seiner vierzehn Regierungsjahre wurden die politischen Geschäfte fast ausschließlich von Boris Fjodorowitsch Godunow geführt, einem brillanten Höfling mongolischer Abstammung. Boris hatte die riskante Stellung von Iwans Vorkoster innegehabt, woraus sich ein natürliches Vertrauensverhältnis entwickelte, das ihn zu einem der intimsten Ratgeber des Zaren machte.

Mit Fjodors Tod im Jahr 1598 war das Rurikidengeschlecht ausgestorben, denn Fjodor hatte keinen Nachfolger hinterlassen. In einem in Rußland nicht üblichen Vorgang wählte eine Landesversammlung aus Bojaren, Kirchenfürsten und Abgesandten der Städte Boris Godunow zum neuen Zaren. Um die Volkstümlichkeit des neuen Herrschers unter Beweis zu stellen, versammelten sich die Anhänger von Boris mit einer großen Schar angeheuerter Claqueure vor dessen Palast und beschworen ihn in klagenden Sprechchören, die Krone anzunehmen. Einige, die nicht laut genug »klagten«, bekamen die Peitschen von Boris' Leuten zu spüren, was ihren Bitten eine glaubwürdigere Dringlichkeit verlieh.

Auch Boris' Weg zum Thron war mit Blut befleckt. Doch ob er persönlich dafür verantwortlich gemacht werden kann oder nicht, gehört zu den Geheimnissen der russischen Geschichte. Eigentlich hätte der Zarewitsch Dimitri, der Halbbruder Fjodors, dessen Nachfolge angetreten. Aber im Jahr 1591 hatte man den damals

Der 1613 zum Zar gewählte Michael Romanow, der mit Krone und Zepter abgebildet ist (linke Seite), war der Gründer einer Dynastie, die Rußland dreihundert Jahre lang regierte.

Boris Godunow, enger Vertrauter Iwans IV. und Regent für dessen Sohn Fjodor, ließ sich nach einer erfolgreichen Konspiration im Jahr 1598, nach Fjodors Tod, zum Zaren krönen. Er war zugleich progressiv und despotisch. Seinem Tod 1605 folgte die »Zeit des Schreckens« – acht Jahre der Anarchie, aus denen sich schließlich die Romanows zu den Herrschern Rußlands aufschwangen.

damals Achtjährigen mit durchschnittener Kehle aufgefunden. Eine Untersuchungskommission kam zu dem Schluß, daß der Junge mit einem Messer gespielt und sich bei einem epileptischen Anfall selbst getötet habe – eine höchst bizarre, wenn auch nicht ganz unmögliche Erklärung. Trotzdem verstummten während der Regierungszeit von Boris die Gerüchte nie, daß er beim Tod des Jungen die Hände im Spiel gehabt haben könnte. Auch die Nachwelt hielt daran fest. So sieht Alexander Puschkin in seiner Tragödie »Boris Godunow« den Titelhelden als Mörder des jungen Dimitri, genau wie der Komponist Modest Mussorgski, der nach dieser Tragödie eine Oper schuf. Dadurch ging Boris in der Rolle des wahnsinnigen Kindermörders in die Geschichte ein.

Bei seiner Krönung schwor der neue Zar, seinen Reichtum zum Wohle seines Volks zu verwenden. Sein Mitgefühl für den »kleinen Mann« brachte ihm den Beinamen »der großherzige Boris« ein. Gegenüber politischen Gegnern kannte er allerdings keinerlei Mitleid. Da er die Mitglieder der Familie Romanow, also die Verwandten Anastasias, der Frau Iwan des Schrecklichen, als Rivalen empfand, zwang er ihr Oberhaupt dazu, Priester zu werden, und seine Frau steckte er ins Kloster.

Trotz seiner niederen Herkunft entwickelte Boris eine Vorliebe für majestätische und prunkvolle Bauten. So ließ er rund um den Moskauer Bezirk, in dem die Bojaren und Handelsherren lebten, eine weiß getünchte Mauer errichten, was diesem Bezirk den Namen »die Weiße Stadt« eintrug. Von den vielen Festungsanlagen, Kirchen und anderen Gebäuden, die Boris in Auftrag gab, war das eindrucksvollste der mächtige Glockenturm, den er zu Ehren des Großfürsten Iwan III. auf einer Anhöhe inmitten des Kreml errichten ließ. Dieses Ehrenmal für den Mann, der Moskau zur russischen Hauptstadt gemacht hatte, ragte siebzig Meter in den Himmel und beherbergte unter seiner glänzenden Goldkuppel dreiunddreißig Glocken.

Da Boris sich bewußt war, wie weit Rußland hinter dem übrigen Europa zurücklag, versuchte er, das Versäumte nachzuholen. Doch als er eine Universität nach westlichem Vorbild einrichten wollte, stellte sich ihm ein überaus orthodoxer Klerus entgegen, der jegliche Bildung und Wissenschaft für Teufelswerk hielt. Er sandte dreißig sorgfältig ausgesuchte junge Russen ins Ausland, um die westeuropäische Technologie zu studieren. Aber nur zwei von ihnen kehrten auch wieder nach Hause zurück. Ausländer, die er mit wichtigen Positionen ins Land zu locken versuchte, fanden Rußland nicht selten abstoßend und gefährlich. Ein Diplomat beschrieb die Russen als »bärtige, langhaarige Männer von barbarischer und erbärmlicher Großspurigkeit, die selbst noch mitten im Sommer Pelze tragen«. Selbst die Uhren gingen hier anders als in der zivilisierten Welt: Die Zeiger drehten sich nicht über das Zifferblatt, sondern dieses kreise um eine Achse mit feststehenden Zeigern. Und als ein nichtsahnender englischer Arzt Sauce Tatare zum Abendessen verlangte, wurde er kurzerhand wegen seiner offensichtlichen Sympathien für die russischen Erzfeinde hingerichtet.

Die meisten von Boris Godunows Modernisierungsbemühungen blieben ohne Erfolg. Er hatte einfach kein Glück. So gab es im Jahr 1601 und in den folgenden Jahren verheerende Mißernten. Rußland wurde von Hungersnöten heimgesucht, und als Schwärme hungernder Bauern in Moskau einfielen, brachten sie die Pest mit. Und dann drohte von jenseits der polnischen Grenze eine neue Gefahr. An der Spitze einer bunt zusammengewürfelten Armee aus polnischen und russischen Abenteurern ritt ein Mann gegen Moskau, dessen wahrer Name bis heute nicht geklärt ist, und verlangte als angeblicher Zarewitsch Dimitri den Thron. Dieser Anspruch war ganz offensichtlich falsch, da der echte Dimitri schon seit Jahren tot war. Aber unzufriedene Bojaren und andere Würdenträger verbündeten sich mit dem Usurpator und versuchten Godunow zu verjagen. Als der Zar sich der Herausforderung stellen wollte, verstarb er ganz plötzlich – wahrscheinlich an Herzversagen. Sein Tod stand am Beginn einer chaotischen Periode, die als »Zeit der Wirren« *(smuta)* in die Geschichte einging.

Während der kommenden acht Jahre war das kaiserliche Haus ein Schauplatz ständiger Intrigen und Morde. Der sogenannte »Falsche Dimitri« konnte mit Hilfe der Bojaren Boris' Sohn stürzen und im Jahr 1605 in Moskau einziehen. Die Bojaren erdrosselten Boris' Gattin und zwangen seine Tochter, Dimitris Mätresse zu werden. Doch schon nach einem Jahr fanden die Bojaren ihre Marionette überflüssig und ermordeten den »Falschen Dimitri«. Seine Asche feuerten sie mit einer Kanone in Richtung Polen.

Danach gab es drei weitere Prätendenten für den leerstehenden

Ein Mörder und sein Spießgeselle fliehen, nachdem sie den jüngsten Sohn Iwans IV., Dimitri, erdolcht haben. Sterbend liegt der Zarewitsch auf diesem phantasievollen Gemälde am Boden. Der Tod des 1591 unter nie ganz geklärten Umständen ums Leben gekommenen Knaben wurde Boris nach der Thronbesteigung von rivalisierenden Bojaren zur Last gelegt. Wahrscheinlich hatte der neue Zar aber nichts damit zu tun. Trotzdem haftet ihm der Ruf des Königsmörders bis heute an.

Thron, darunter einen zweiten »Pseudodimitri«. Rußland verfiel immer mehr in Anarchie, woraufhin das Volk nach einem starken und allgemein anerkannten Herrscher verlangte. Wieder wurde eine Landesversammlung zur Wahl eines neuen Zaren einberufen, und im Januar 1613, nach drei Tagen des Gebets und Fastens sowie intensiver Beratungen, bot die Versammlung Michael Romanow die Krone an, dem Sohn jener Familie, die Boris Godunow durch das Abschieben in kirchliche Funktionen hatte kaltstellen wollen. Im Volk waren die Romanows noch immer populär, da sich das Volk vor allem an Michaels Großtante Anastasia erinnerte, deren sanfte Hand Iwan den Schrecklichen so oft gezähmt hatte.

Der neue Herrscher war ein kränklicher Jüngling von siebzehn Jahren und so arm, daß er sich das Geld für die Dreihundertkilometerreise nach Moskau borgen mußte. Die erste öffentliche Zeremonie, die er erlebte, war seine eigene Krönung zum Zar. Der Gründer des Hauses Romanow – das sich dreihundert Jahre lang als Symbol autokratischer Herrschaft an der Macht halten konnte – durchquerte ein verwüstetes und trostloses Land. Dauernd war er in Gefahr, von marodierenden Banden umgebracht zu werden, die Zentralrußland zu einem politischen Niemandsland gemacht hatten.

Seine Krönung war dafür um so großartiger. Die Glocken des zu Ehren Iwans des Großen errichteten Turms verkündeten jubilierend das Ereignis. Der in goldene Roben gehüllte neue Zar, dessen zarte Gestalt unter der Last fast zusammenzubrechen schien, empfing die Insignien seiner Würde: die edelsteinbesetzte und mit Zobel verbrämte Krone von Monomach – eine Kronkappe, die nach russischer Überlieferung von den byzantinischen Kaisern stammte –, den mit Diamanten und Perlen bestückten Reichsapfel und das Zepter aus feinstem russischen Gold.

Michael empfand die Last seines Amtes kaum weniger bedrückend als dessen Symbole. Teils aus Trägheit, teils in der weisen Erkenntnis seines Unvermögens, überließ er die Regierungsgeschäfte weitgehend seinen Ratgebern. Doch im Gegensatz zu Boris Godunow war ihm das Glück gnädig. Das Land konnte weitgehend befriedet werden, und es stellte sich sogar ein gewisser Wohlstand ein. Als Zar Michael Fjodorowitsch im Jahr 1645 starb, hatte sich das Haus Romanow fest etabliert. Sein Sohn Alexei Michailowitsch konnte unangefochten den Thron besteigen.

In den kommenden Jahrhunderten, in denen die Russen ihre

Mehr als ein halbes Dutzend Diener warten auf dieser Zeichnung aus dem 17. Jh. dem in herrschaftlicher Unnahbarkeit seinem Krönungsbankett präsidierenden Zar Michael auf. Das Fest fand in der Granowitaja Palata (Facettenpalast) statt, einem mächtigen Gewölbebau des Kreml, in dem die Zaren traditionsgemäß Hof hielten.

Hoffnung immer wieder auf ihre Zaren setzten, die für sie das Symbol staatlicher Ordnung und Stabilität waren, hatten sie nicht selten den frommen Alexei im Sinn, der als »der Sanfte« in die Geschichte einging. Tatsächlich aber war er von sehr widersprüchlichen Zügen geprägt. Sein Mitgefühl für die Untertanen konnte genau so rasch in brutale Gewalttätigkeit umschlagen. Ebensowenig hinderte ihn seine Sympathie für westliche Ideen und Lebensweisen daran, Fremden mit großem Mißtrauen und nicht selten mit Abscheu gegenüberzutreten. Außerdem gab es kaum einen Zaren, der ihn an äußerer Prachtentfaltung hätte übertreffen können, auch wenn sein persönliches Leben sehr einfach war.

Auf religiösem Gebiet war Alexei ein Fanatiker. So erhob er sich schon frühmorgens um vier, um zu beten und in der Heiligen Schrift zu lesen. Darauf folgten die Gebete im Kreis der Familie und in Anwesenheit von Zarin Maria, und schließlich eine zweistündige Messe, an der auch die engsten Vertrauten und Ratgeber teilnahmen. Nachmittags und abends gab es weitere religiöse Exerzitien. An wichtigen religiösen Feiertagen warf sich der Zar bis zu fünfzehnhundertmal zu Boden.

Trotz seines religiösen Eifers und der nach außen gern demonstrierten Demut liebte Alexei nichts mehr als die Selbstdarstellung. Bei Audienzen erschien er in edelsteinübersäten Roben und mit Kronen, die einen Besucher an »funkelnde Weintrauben« erinnerten. Die beeindruckende Gestalt des ein Meter achtzig großen Zaren brachte diese äußeren Attribute noch besser zur Geltung. Ein Gesandter des englischen Königs schrieb begeistert nach Hause: »Der Zar glich der goldene Strahlen aussendenden Sonne, wie er in aller Pracht mit dem Zepter in der Hand und der Krone auf dem Haupt vor uns thronte. Sein Thron war aus massivem Silber und erhob sich sieben oder acht Stufen über dem Boden, was dem Zar eine fast überirdische Majestät verlieh.« Der Bericht des Gesandten wäre vielleicht weniger begeistert ausgefallen, hätte er gewußt, daß neben Alexeis Thron stets ein wassergefülltes, goldenes Becken stand, in dem er sich die Hände wusch, die ein Fremder geküßt hatte. Er lebte in ständiger Angst, von irgend jemandem angesteckt zu werden.

Seinen Gästen bot der Zar nicht selten Gelage von fünfzig Gängen. Darüber hinaus wunderten sich ausländische Gäste immer

FORTSETZUNG SEITE 56

KOWSCH UND ANDERE PRUNKPOKALE

Im 17. Jh. erlebte die Goldschmiedekunst in Rußland eine Glanzzeit. Unter den langjährigen Regierungen der beiden ersten Romanows, Michael und Alexei, wurden im Zeughaus des Kreml Werkstätten eingerichtet und wandernde Goldschmiede- und Juweliermeister zum Bleiben animiert. Diese Künstler verstanden sich nicht nur auf das Gestalten von Gold und Silber, sondern auch auf die Ornamentierung mit Edelsteinen und Emaille. So gut wie alle Gegenstände, die dem Zar unter die Augen kamen, waren aus edlen Metallen gefertigt und mit wertvollen Steinen verziert. Die Zahl der aus den Kreml-Werkstätten stammenden Kostbarkeiten war so groß, daß sie keineswegs alle in die Listen der Aufseher aufgenommen wurden. Zu den schönsten Stücken gehören die verschiedenartigen Trinkgefäße, die eine sehr alte russische Tradition haben. Ausländischen Teilnehmern an Staatsbanketten fiel besonders der Kowsch auf, ein flaches Gefäß in der Form eines Wasservogels, der die Flüsse und Seen des nördlichen Rußland bevölkerte. Typisch war auch die Bratina, ein Prunkpokal, mit dem man sich bei Festgelagen zutrank. Er verband alle, die aus ihm kosteten, in ewiger Freundschaft.

Diesen 30 cm langen Kowsch in der von den Goldschmieden des Kreml bevorzugten volkstümlichen Schwanenform bekam der junge Zarewitsch Michael 1618 von seiner Mutter zum Geschenk. Aus Gefäßen dieser Art, die eher einer Schöpfkelle gleichen, genoß man vor allem den würzigen Met, ein weinähnliches Getränk mit Honigzusatz. Dieses wertvolle, edelsteinbesetzte Stück mit dem niellierten und perlenumrandeten Griff wurde allerdings nur bei ganz besonderen Gelegenheiten der kaiserlichen Schatzkammer entnommen.

Diese glänzend emaillierte Goldschale, die mit Edelsteinen und Rankenmustern verziert ist, war ein Geschenk des mächtigen Moskauer Patriarchen Nikon an Zar Alexei, Michaels Sohn und Nachfolger. Der Pokal ist nicht nur insgesamt wie eine sich öffnende Blüte konzipiert, sondern trägt auch auf jedem der Blütenblätter ein verschlungenes Blumenmuster, so daß der Eindruck eines Buketts entsteht.

Zar Michael sandte die auf der gegenüberliegenden Seite abgebildete Bratina 1637 König Władysław IV. Wasa von Polen als Hochzeitsgeschenk. Der sie krönende weiße Adler ist das polnische Nationalemblem. Die kunstvolle Emaillierung, die perfekte Symmetrie der Perlen und nicht zuletzt die außerordentlich wertvollen Steine zeigen, daß der Zar seine Künstler angewiesen hatte, ein besonders königliches Geschenk zu fertigen. Die Inschriften rings um den Schalenrand zählen Michaels russische Herrschertitel auf.

Auf diesem bauchigen Silbergefäß befinden sich abwechselnd glatte und mit vergoldeten Ranken verzierte Spiralen. Die Schale entstand 1644 für den Bojaren Wassili Streschnew, der acht Jahre lang die Kreml-Werkstätten beaufsichtigte. Das mit einem Schnabel versehene Gefäß diente zum Dekantieren von Getränken.

Diese fast 18 cm hohe Bratina aus der Sammlung eines einflußreichen Fürsten ist das Werk eines großen Meisters der russischen Goldschmiedekunst aus dem 17. Jh. Das wundervoll bombierte Gefäß mit seinem Rankenornament wurde in Silber gefertigt und dann vergoldet. Es trägt eine für einen Freundschaftspokal sehr reizvolle Inschrift: »Wahre Liebe ist wie ein Gefäß aus Gold: Sie bricht nie, und falls sie sich biegt, wird die Vernunft sie wiederaufrichten.«

FORTSETZUNG VON SEITE 49

wieder über die russischen Eß- und Trinksitten. Ständig eilten Diener zwischen Küche, Keller und Festsaal hin und her, um den unmäßigen Appetit der Herrschaften zu befriedigen. »Niemand scheint hier das Gelage zu verlassen, solange er noch auf eigenen Beinen gehen kann«, wunderte sich ein Diplomat. Von den üppig mit Zwiebeln und Knoblauch gewürzten Gerichten nahm der Zar selbst nur recht wenig. Meist gab er sich mit einem Stück Roggenbrot und einem einzigen Glas Bier oder Wein zufrieden. Angeblich fastete der Zar bis zu acht Monate im Jahr.

Normalerweise war es in den Palästen des 17. Jahrhunderts kalt und zugig. Doch diese mönchische Askese war selbst dem frommen Alexei zuviel. Deshalb ließ er für sich und seine Gäste eine »Zentralheizung« einbauen. Die Heißluftströme eines im Untergeschoß stehenden großen Ofens wurden dazu über ein kompliziertes Rohr- und Ventilatorensystem in die oberen Räume geleitet. Diese Annehmlichkeit wurde noch ergänzt durch die von Alexei eingeführte Tafelmusik. Allerdings beklagte sich ein englischer Gast, daß die Musik geklungen habe »wie das Gegrunze von sieben Schweinen an einem windigen Tag«. Dem Zaren schien das nichts auszumachen, doch schließlich nahm er für den Hof ein Orchester mit deutschen Musikern in seine Dienste.

Unter Alexei waren im Zeughaus des Kreml eine Vielzahl von Waffen- und Goldschmieden, Malern und Edelsteinschleifern am Werk, die nach seinen Anweisungen arbeiteten. Der Zar empfahl beispielsweise seinen Malern, sich an westlichen Vorbildern zu orientieren, worauf diese anstelle der naiven Zweidimensionalität der alten Ikonen realistische Perspektiven einführten. Das brachte den konservativen Klerus auf die Barrikaden. Nikon, der Patriarch von Moskau, befahl seinen Leuten, die neuen Ikonen aus der Öffentlichkeit und selbst aus den Privatgemächern hoher Hofbeamter zu entfernen. Der Pöbel stach den Abbildungen die Augen aus und zog mit den ruinierten Ikonen durch die Straßen. Den Künstlern wurde dasselbe Schicksal angedroht, falls sie weiterhin den verderblichen westlichen Sitten nacheiferten. Doch Nikon gab sich nicht damit zufrieden, neue künstlerische Strömungen zu bekämpfen, sondern versuchte auch auf religiösem und politischem Gebiet seine konservativen Vorstellungen durchzusetzen. Alexei verbannte darauf den anmaßenden Kirchenfürsten in ein abgelegenes Kloster, wo er auf einem Felsbett schlafen mußte.

Auf dieser farbenfrohen Lithographie aus dem 17. Jh. bestaunen einzelne Zuschauergruppen eine mächtige Prozession, die sich Kolomenskoje, der alten Sommerresidenz der Zaren über der Moskwa, nähert. Der von Zar Alexei errichtete umfangreiche Gebäudekomplex bestand aus reich dekorierten Holzbauten mit 270 miteinander verbundenen Räumen, 100 Zwiebeltürmen und 3000 Fenstern aus Muskovit (Glas).

Diese Strafe, immerhin gegen einen Mann, der den Primat der Kirche über den Staat beanspruchte, war vergleichsweise milde; denn in anderen Fällen ging Alexei wesentlich härter gegen seine Feinde vor. So ließ er seine Armee Hunderte von Einwohnern der nordwestlich von Moskau liegenden Stadt Pskow massakrieren, die im Jahr 1650 eine für Schweden bestimmte Schiffsladung Weizen abgefangen hatten, da sie an Hunger zu sterben drohten. Moskau jedoch wurde am schlimmsten heimgesucht. Seine Einwohner erhoben sich im Jahr 1662 gegen die Regierung, die die Silber- gegen eine Kupferwährung austauschen wollte und dadurch eine verheerende Inflation in der Stadt auslöste. Eine aufgebrachte Menge stürmte daraufhin den außerhalb Moskaus liegenden Sitz Alexeis und verlangte den Zaren zu sehen. Alexei, tollkühn, wagte sich vor die Menge. Die Mutigsten klammerten sich an seine Gewänder und bestürmten ihn, die für die neue Währung verantwortlichen Beamten zur Rechenschaft zu ziehen. Der Zar versprach, sich der Sache anzunehmen, worauf sich die Menge anschickte, sich friedlich zurückzuziehen.

Doch in diesem Augenblick erschien ein zweiter, militanterer Haufen und forderte die sofortige Bestrafung der Verantwortlichen. Jetzt rief Alexei seine Leibwache herbei, die sich ihren Weg durch die Menge hieb. Beim Versuch, das nackte Leben zu retten, ertranken viele der Fliehenden in einem nahen Fluß. Der Zar hielt ein schreckliches Strafgericht. Er ließ siebentausend Moskowiter hinrichten, und weiteren fünfzehntausend hackten seine Soldaten Arme und Beine ab. Es war ein mehr als bitterer Sieg für die überlebenden Rebellen, als der Zar im folgenden Jahr die Silberwährung wieder einführte.

Ironischerweise war es auch dieser »der Sanfte« genannte Zar, der die Leibeigenschaft in Rußland legalisierte. Die sogenannten »Leibeigenen« mußten danach ihr gesamtes Leben auf den Gütern zubringen, auf denen sie geboren waren. Und auch ihre Nachkommen sollten für alle Zeiten Eigentum des Gutsherrn sein. Jahrhundertelang erzählte man diesen Unglücklichen, daß ihr Schicksal gottgewollt sei, daß Gott ihnen diesen Platz im Leben zugewiesen hätte. Alexei aber hatte sein Ziel erreicht und sich die Unterstützung des Landadels gesichert.

In seinen letzten Lebensjahren rückte Alexei von seinem religiösen Fanatismus etwas ab und genoß die Freuden des Lebens wie

Auf diesem zeitgenössischen Porträt unterweist Patriarch Nikon seine Anhänger. Dieser mächtige Kirchenführer versuchte den Gottesdienst durch alte byzantinische Riten zu reformieren. Seine reaktionären Bestrebungen, zu denen auch die Zerstörung bestimmter Ikonen und die Revision orthodoxer Texte zählten, veranlaßten viele Gläubige, mit der Staatskirche zu brechen.

nie zuvor. Nach dem Tod seiner ersten Frau begegnete er der hübschen siebzehnjährigen Natalya Naryschkin. Der zweiundvierzigjährige Zar nannte sie hingerissen »meine kleine Taube« und schlug ihr bereits beim zweiten Treffen die Ehe vor. Sie heirateten allerdings erst eineinhalb Jahre später, als sich die Schwangerschaft der Braut nicht mehr länger verheimlichen ließ. Drei Monate nach der Vermählung schenkte die neue Zarin einem strammen Jungen das Leben, den sie Peter nannten.

Natalya brachte Fröhlichkeit und Abwechslung in das Leben des Zaren. Das kaiserliche Paar besuchte jetzt die einst von Patriarch Nikon verteufelten blutrünstigen Tragödien und rohen Lustspiele. Auf der Bühne wurden nicht selten grausame Folterszenen imitiert, die Alexei besonders amüsierten. Manchmal saß er wie gebannt bis zu zehn Stunden im Theater. Andererseits nagte an ihm die Furcht, sich durch solche Unterhaltung zu versündigen. So holte er sich auch die ausdrückliche Zustimmung seines Beichtvaters ein, bevor er sein Privattheater bauen ließ.

Auch in seiner Sommerresidenz Kolomenskoje auf einer Anhöhe über der Moskwa ließ der Zar Theateraufführungen veranstalten. Dieser ungeheuer prunkvoll und exotisch ausgestattete Palast erschien nicht wenigen Besuchern wie das achte Weltwunder. Seine Fassaden bestanden aus kunstvoll geschnitztem Holzwerk, das über und über vergoldet war. Einem fremdländischen Besucher erschien er »wie einer Schmuckschatulle entnommen«. Sein Inneres war nicht mit Ikonen, sondern mit den Porträts großer historischer Gestalten ausgeschmückt, darunter Alexander der Große, Julius Cäsar und Darius der Große von Persien.

Das größte Vergnügen bereitete Alexei das Throngemach in Kolomenskoje. Die überwältigten Besucher fanden den Zaren, flankiert von zwei Löwen aus vergoldetem Kupfer, auf seinem Thron. Auf ein heimliches Signal betätigte ein Diener ein für die Besucher unsichtbares System von Blasebälgen, worauf die Löwen die Augen rollten, den Rachen aufrissen und ein schreckliches Gebrüll von sich gaben. Die zu Tode erschrockenen Besucher mochten vielleicht noch erkennen, daß es sich nur um eine mechanische Spielerei handelte – die darin symbolisierte Macht aber war real. Zar Alexei hatte den Romanows den russischen Thron endgültig gesichert und hinterließ einen Erben, der wie ein Löwe das Land durchstreifen sollte.

DIE INSIGNIEN DES ZAREN

Mit einer symbolischen Krone erstrahlt der Reichsapfel Zar Alexeis im Glanz von Rubinen, Diamanten und Saphiren auf smaragdgrünem Emaille und Gold.

Als Michael Fjodorowitsch, der erste Zar aus dem Haus Romanow, im Jahr 1613 den Thron bestieg, war der von früheren Herrschern stammende Kronschatz zum großen Teil von Usurpatoren und ins Land eingedrungenen Polen geplündert. Michael und sein Sohn Alexei hatten alle Hände voll zu tun, diesen Verlust wieder wettzumachen.

Zum Glück waren die wichtigsten Embleme zaristischer Legitimität und Kontinuität, der sogenannte Elfenbein-Thron und die Krone des Monomach, erhalten geblieben. Die Legende verbindet den kunstvoll geschnitzten Thron (linke Seite) mit der Eheschließung Iwans des Großen und der Nichte des letzten Kaisers von Konstantinopel im Jahr 1472 – ein Ereignis, das die Zaren als direkte Erben des Byzantinischen Reichs erscheinen lassen sollte.

Von noch größerer Bedeutung war die Krone des Monomach (Seite 62 und im Detail Seite 63), die jedem Zaren nach seiner Ernennung zum Herrscher aller Russen aufs Haupt gesetzt wurde. Obwohl ihre Ursprünge genausowenig nachgewiesen sind wie die des Elfenbein-Throns, nimmt man an, daß sie byzantinischer Herkunft ist. Seit Iwan IV. schrieben die Zaren die hutähnliche Krone Konstantin IX. Monomach zu, einem Herrscher aus dem 11. Jh., der sie seinem Enkel, einem russischen Prinzen in Kiew, vermachte. Dieser Fürst, der ebenfalls Monomach geheißen haben soll, vererbte sie und die durch sie repräsentierte Macht an die moskowitischen Herrscher. Abgesehen von diesen beiden Machtinsignien, stammen die meisten der verschwenderischen Kremlschätze aus den zusammen 63 Regierungsjahren von Michael und Alexei. Michael verbrachte viele Stunden im Zeughaus des Kreml, um die Handwerker und Künstler zu beaufsichtigen, die Zepter, Reichsapfel und Krone für ihn anfertigten (Seite 68–73). Außerdem restaurierten und verschönerten sie auch viele alte Stücke. Alexei dagegen bestellte viele seiner wertvollsten Arbeiten im Ausland. So stammt beispielsweise sein Reichsapfel (Seite 59) von einem griechischen Goldschmied. Und im Tausch für eine lukrative Handelskonzession, die er armenischen Kaufleuten erteilte, erhielt der Zar den überaus kostbaren Diamant-Thron, der seinen Namen zurecht trägt (Seite 74 und im Detail Seite 75).

Der älteste Zarenthron ist der in seiner ursprünglichen Form erhaltene Elfenbein-Thron (linke Seite). Auf einem Holzrahmen sind 150 kunstvoll geschnitzte Elfenbeinreliefs angebracht. Die Rückenlehne zeigt in der Mitte den zaristischen Doppeladler, der von einem sich aufbäumenden Einhorn und einem wild fauchenden Löwen flankiert ist. Darunter belagern die Truppen des Zaren eine feindliche Stadt. Andere Tafeln tragen mythologische, biblische und historische Szenen; daneben gibt es Vignetten aus dem russischen Alltagsleben und Arabesken. Den vergoldeten Doppeladler auf der Rückenlehne ließ ein späterer Romanow hinzufügen.

Die Krone – oder Kronkappe – des Monomach stammt von einem unbekannten, wahrscheinlich nicht aus Rußland stammenden Künstler. Der mit kunstvollem Filigran überzogene Goldgrund ist mit Perlen und Edelsteinen besetzt und von feinstem Zobelpelz gesäumt. Die mit besonders großen Edelsteinen und Perlen verzierte kleine Kuppel mit dem Kreuz (Detail rechte Seite) stammt wahrscheinlich aus dem 16. Jh., als die Krone bereits 300 Jahre alt war.

Die emaillierte Darstellung des Erzengels Michael, des Führers der himmlischen Heerscharen, schmückt den auf diesen beiden Seiten abgebildeten kegelförmigen Prunkhelm. Die Kremltradition schreibt ihn dem Kriegshelden Alexander Newski aus dem 13. Jh. zu. Im Jahr 1621 wurde der Helm von Michael Romanows Erstem Goldschmiedemeister mit goldenen Zierstreifen versehen, die er mit Hunderten von Edelsteinen in erhabenen Fassungen besetzte.

Bei besonderen Gelegenheiten ließ Michael Romanow die prächtigsten Accessoires bewundern – darunter auch diesen goldenen Doppelköcher für Bogen und Pfeile. Er ist mit emaillierten Tiergestalten geschmückt und mit Edelsteinen übersät. Der Doppeladler (Detail rechte Seite) symbolisiert die kaiserliche Macht, der Vogel darüber Glück und das Einhorn Reichtum.

Diese funkelnden Prachtstücke – Reichsapfel, Zepter und Krone – waren die wichtigsten Machtinsignien von Zar Michael Fjodorowitsch. Mindestens zwanzig Künstler, darunter viele Deutsche, haben mehr als ein Jahr an ihnen gearbeitet. Das Gold und die Edelsteine lieferten die kaiserlichen Schatzkammern. Der fast fünf Pfund schwere Kronhut ist mit 150 Edelsteinen bestückt, vor allem mit Smaragden, Rubinen, Saphiren, außerdem mit einer Vielzahl schimmernder Perlen. Die Fassungen bestehen größtenteils aus durchbrochenem Gold. Der Rand des in zwei kleinen Kronen gipfelnden Huts ist von feinstem Zobel gesäumt. Die obere Krone wird von einem besonders großen Smaragd geziert. Zepter und Reichsapfel sind auf den Seiten 70–73 im Detail abgebildet.

Das getriebene Gold von Zar Michaels Zepter ist vielfarbig emailliert und mit farbigen Edelsteinen besetzt. Rechts oben krallen sich Adlerklauen um Arabesken, die einen großen ovalen Smaragd umschließen.

SEITE 72/73: *Die beiden in durchschimmerndem Emaille kunstvoll gestalteten triangelförmigen Felder auf Michaels Reichsapfel stellen Szenen aus dem Leben des biblischen Königs David dar. Auf dem auf Seite 72 gezeigten Ausschnitt hebt David das Schwert, um dem von ihm besiegten Goliath das Haupt abzuschlagen. In der Szene auf der rechten Seite eskortieren Soldaten zu Fuß und ein Reiter in goldener Rüstung den siegreichen David bei seinem Einzug in Jerusalem.*

Der in Persien entstandene und Zar Alexei Michailowitsch 1659 verehrte Almaznyj-Thron (Diamant-Thron) ist reich vergoldet und mit mehreren hundert wertvollen Steinen besetzt. Die Vorderseite (Detail rechts) zeigt vier in Repoussoir-Technik gestaltete Elefanten und darüber Medaillons aus Rubinen, Diamanten und persischen Türkisen. Auf der Rückenlehne halten zwei Engel eine Krone über eine Tafel, auf der eine lateinische Inschrift dem Zaren Glück und Ruhm verheißt.

III

PETER DER GROSSE

DIE LIEBE ZUM WESTEN

Dieses zeitgenössische Porträt von Peter I. im Brustpanzer wurde im Jahr 1697 von einem holländischen Maler angefertigt.

Der Große« ist ein Ehrentitel, den beflissene Untertanen ihren Herrschern ebenso leicht beilegen, wie diese ihnen die Köpfe abhacken. Das klingt hübsch und erhaben, muß aber deswegen nicht stimmen. Im Fall Peters I. allerdings hat die nüchterne historische Perspektive das populäre Urteil bestätigt. Alles an ihm – seine äußere Erscheinung, sein Lerneifer, seine Staatsführung und seine Grausamkeit – war groß. Sein Zeitgenosse Ludwig XIV. von Frankreich mag alle Monarchen Europas für einige Jahre überstrahlt haben, dafür warf Peter die längeren Schatten.

Dieses leuchtende Beispiel eines Musterherrschers mit kleinen Fehlern kam unter höchst verheißungsvollen Vorzeichen zur Welt. Der Tag seiner Geburt, der 9. Juni 1672, wurde als nationales Ereignis gefeiert. Von den eintausendsechshundert Moskauer Türmen dröhnten die Glocken und wetteiferten mit dem Salut der Kanonen. Der begeisterte Vater Zar Alexei ließ einen zweihundert Pfund schweren Pfefferkuchen backen und sorgte auch sonst dafür, daß der kleine Prinz in jeder Hinsicht verhätschelt wurde. Er schlief auf türkischem Samt in einer mit Goldstickereien geschmückten Wiege. Und eines seiner ersten Bilderbücher stammte von den berühmtesten Ikonenmalern Rußlands. Als Peter etwas größer war, fuhr er in einer vergoldeten kleinen Kutsche durch die Stadt, die von vier Ponys gezogen wurde. Eine Schar sorgfältig ausgesuchter Zwerge bediente ihn und spielte mit ihm.

Doch bevor der Zarewitsch vier Jahre alt war, wurde das exotische Idyll durch die russische Realität eingeholt und zerstört. Als Zar Alexei überraschend verstarb, erlebte das Herrscherhaus eine neue Periode blutiger Machtkämpfe. Zunächst wurde Peters Halbbruder Fjodor III. zum Zaren ausgerufen, doch der Heran-

Auf diesem Aquarell aus dem 17. Jh. spielt der junge Peter hoch zu Roß den Militärstrategen. Er war sich der Tatsache, daß er vielen im Weg stand, schon früh bewußt; deshalb scharte er seine Freunde um sich und ließ sie in militärischen Planspielen gegeneinander kämpfen.

wachsende war kaum mehr als eine Marionette in den Händen seiner Höflinge. Die meiste Zeit verbrachte er bei Gottesdiensten. Und als er nach sechs Jahren 1682 starb, übergingen die Wahlmänner die beiden nächsten Prätendenten – Peters Halbgeschwister Iwan und Sofia – und riefen den inzwischen Zehnjährigen zum Zaren aus, mit seiner Mutter Natalya Naryschkin als Regentin. Sie hatten allerdings nicht mit dem brennenden Ehrgeiz Sofias gerechnet, hinter deren unschuldigen Gesichtszügen sich eine eiserne Entschlossenheit verbarg.

Sie besaß einen beträchtlichen Einfluß auf die sogenannten Strelitzen, eine von Iwan dem Schrecklichen aufgestellte Infanterietruppe, die inzwischen selbstherrlich in Moskau regierte. Sofia stachelte sie zu einem blutigen Aufstand an, der in drei Tagen die Stadt schwer verwüstete. Dabei stürmte ein Trupp meuternder Strelitzen auch den Kreml und warf vor Peters Augen den eigenen Kommandanten über ein Treppengeländer, direkt in die Speere der unter der Treppe stehenden Rebellen. Obwohl die Mordlust der Aufständischen vor niemand haltmachte, hatten doch Sofias Feinde – die Familie von Peters Mutter – am meisten zu leiden. So wurden zwei seiner Onkel abgeschlachtet; den einen folterte man zuerst, bevor man seine abgehackten Glieder in die Erde trampelte. Die Mordorgie kam erst zu einem Ende, als die Strelitzenführer vorschlugen, Peter zusammen mit seinem geistesschwachen Halbbruder Iwan zum Zaren auszurufen und Sofia die Regentschaft zu übertragen. Diese begrüßte freudig die »von Gott eingegebene Entscheidung«. Peter aber konnte die Greueltaten der Strelitzen sein Leben lang nicht vergessen. Noch viele Jahre später sagte er: »Ich kann die Erinnerung an diese Tage nicht aus meinem Gedächtnis streichen.« Vielleicht haben hier die schweren Krämpfe ihren Ursprung, die den mächtigen Körper des Zaren immer wieder heimsuchten.

Als Regentin verbannte Sofia den jungen Peter in die Provinz. Außerdem wurde dem Zarewitsch die sonst übliche Ausbildung in Latein und Theologie verwehrt. Seine Kenntnisse reichten später wohl aus, Russisch lesen zu können, aber seine Schrift blieb zumindest unregelmäßig. Trotzdem konnte sich der junge Prinz glücklich schätzen, fern der blutigen Intrigen Moskaus aufwachsen zu können.

Und dann machte er in einem vernachlässigten kaiserlichen Depot eine Entdeckung, die für sein späteres Leben entscheidend wurde – er stieß auf ein kleines, aus England stammendes Segelboot. Mit Hilfe eines holländischen Bootsbauers lernte er es zu bedienen und begann von einer Flotte schneller Schiffe zu träumen, die unter russischer Flagge die Ozeane beherrschen sollten.

Im Jahr 1689 riß ihn seine Mutter jäh aus diesen Träumen. Sie arrangierte die Ehe mit der Bojarentochter Eudoxia Lopuchin, einem »hübschen, aber stupiden Wesen«, wie ein englischer Historiker meinte. Unerschütterlich hing sie überaus konservativen Vorstellungen an, so daß Peter sich bald mit ihr langweilte. Er suchte Trost und fand ihn in der Ausländervorstadt Moskaus, wo er eine Vorliebe für westliche Lebensformen entwickelte.

Zweifellos hatte Sofia die Absicht, ihre Regentschaft auf Dauer zu gestalten, weshalb sie auch den Titel »*Gosudarynja*« oder »Souverän« annahm. Doch so geschickt sie und ihr Ratgeber und Liebhaber Fürst Wassili Golizyn das eigene Land verwalteten, so unglücklich operierten sie nach außen. Golizyns militärische Kampagnen auf der Krim brachten nichts außer riesigen Verlusten ein, und Sofia mußte fürchten, die Macht zu verlieren, die sie sich mit so viel Hinterlist und Heimtücke erschlichen hatte.

Ihre Gefolgsleute versuchten, sie durch eine Verschwörung zur Zarin ausrufen zu lassen. Als der Plan bekannt wurde, floh Peter aus Furcht vor einem Anschlag Sofias in ein Kloster. Doch mit Hilfe des Patriarchen und ausländischer Offiziere erzwang er im Jahr 1689 schließlich das Ende von Sofias Regentschaft und verbannte nun seinerseits die gefährliche Dame in ein Kloster außerhalb Moskaus.

Peter war bereit, russischer Zar zu werden, Rußland dagegen war keineswegs bereit für ihn. Obwohl die Russen inzwischen an teils weltfremde, teils monströse Herrscher gewöhnt waren, überraschte sie der junge Zar immer aufs neue. Trieb er sich heute noch bis zur Besinnungslosigkeit betrunken mit seinen ausländischen Freunden in den Vorstädten herum, führte er morgen schon seine Truppen auf der Krim gegen die Tataren, die mit dem Osmanischen Reich verbündet waren. Zu den Prioritäten seiner Außenpolitik gehörte der Zugang zu den Weltmeeren. Deshalb versuchte er, das Asowsche Meer von den Tataren und Türken zu erobern, da nur so seine Schiffe das Schwarze und das Mittelmeer erreichen konnten.

Während seiner Reisen durch Europa von 1696–1698, auf denen er seine Kenntnisse aus erster Hand vervollständigen wollte, bediente sich Peter verschiedener Verkleidungen. Dieses Porträt des mißtrauischen Zaren könnte während seiner »Lehre« als Schiffsbauer in Holland entstanden sein.

Bronzeplaketten wie diese bewiesen, daß ein Mann seine Bartsteuer bezahlt hatte.

Auf dieser Illustration wird ein Edelmann seines Bartes beraubt.

WEG MIT DEN BÄRTEN

Nachdem Peter die eleganten Höfe Westeuropas besucht hatte und nach Moskau zurückgekehrt war, wollte er das Gesehene auch zu Hause einführen. Vor allem war ihm aufgefallen, daß im »modernen« Westen die Männer bartlos gingen. Von da an verkörperten Bärte für den Zaren alles, was in seinem Land rückständig und unzivilisiert war. Manchen seiner Höflinge muß er in dieser Zeit wie ein verrückt gewordener Barbier erschienen sein. Die orthodoxen Russen hingen an ihren Bärten. Sie waren für sie nicht nur Ausdruck der Männlichkeit, sondern sogar der Frömmigkeit. Ein ehrenhafter Mann, so dachten sie, hatte auszusehen wie ein alttestamentarischer Prophet.

Doch Peter gab sich nicht damit zufrieden, seinen Höflingen die Bärte abzunehmen, sondern erließ eine allgemeine Bartverordnung. Um sie durchzusetzen, wurden an den Toren Moskaus Barbiere postiert, die jeden Neuankömmling glattrasierten. Wer mit Bart zu einem von Peters Banketten erschien, mußte damit rechnen, daß Peter diesen eigenhändig mit einem Messer abschnitt oder gar mit bloßen Händen ausriß. Der Zar verschonte lediglich Priester und Bauern. Andere, die unbedingt ihre Gesichtszierde behalten wollten, mußten eine Sondersteuer zahlen. Viele Noble versuchten es mit Bestechung, doch die Bartschneiderbrigaden des Zaren waren unerbittlich. Nicht wenige der Rasierten und Beschämten bewahrten die abgeschnittenen Bärte auf, um sie mit ins Grab zu nehmen. Vielleicht, so hofften sie, durfte man sie im Himmel wieder tragen.

Dazu mußten zuerst Stadt und Festung Asow erobert werden, was nur mit einer Flotte gelingen konnte, die er nicht besaß. Auf seinen Befehl zogen mehr als dreißigtausend Zimmerleute und Schiffsbauer nach Süden und arbeiteten während des Winters 1695–1696 fast ohne Unterbrechung – und im Juni verfügte er über dreißig Schiffe, mit denen er den türkischen Nachschub in die Stadt unterband. Einen Monat später mußte sich Asow ergeben. Bei seiner Rückkehr nach Moskau hielt Peter eine weitere Überraschung für seine Untertanen bereit: Bei der Siegesparade sah man weder Priester noch Ikonen als Zeichen der göttlichen Intervention. Peter beanspruchte den Sieg von Asow für sich allein. Unter einem Triumphbogen, der von Skulpturen des römischen Kriegsgottes Mars und des griechischen Helden Herakles getragen wurde, hielt der Zar Einzug in seine Hauptstadt.

Ein Jahr später machte sich Peter zu seinem größten Abenteuer auf. Er stellte eine zweihundertfünfzig Freunde, Höflinge, Handwerker und Gelehrte umfassende »Gesandtschaft« zusammen, mit der er »inkognito« die wichtigsten westlichen Länder besuchen wollte, um ihre Errungenschaften aus erster Hand zu studieren. Doch immer wieder gab es während dieser Bildungsreise peinliche Pannen. Das begann schon damit, daß der Zar Mühe hatte, mit Messer und Gabel zu essen. Und als er mit der Kurfürstin von Brandenburg tanzte und dabei die Stäbe im Korsett der Dame berührte, amüsierte er sich über die »verteufelt harten Knochen der deutschen Frauen«.

Bei ihrem Abstecher nach England wohnten Peter und einige seiner Freunde im Haus des Schriftstellers John Evelyn. Sie dachten sich nichts dabei, seine Stühle zu Feuerholz zu verarbeiten und die wertvollen Porträts seiner Galerie als Zielscheiben zu benutzen. Und als sie dann auch noch auf drei Schubkarren stießen, merkwürdige Geräte, die sie nie zuvor gesehen hatten, veranstalteten sie damit Wettrennen und verwüsteten die in jahrzehntelanger Arbeit sorgfältig gehegten Hecken ihres Gastgebers.

Trotz aller Ausschweifungen eignete sich der junge Zar im Westen alles an, was er für sein Land für nützlich erachtete. Unter dem Namen Peter Michailow arbeitete er bespielsweise auf einer holländischen Werft. Später zeigte er seine Schwielen mit demselben Stolz, wie Ludwig XIV. seine Smaragde. »Ich bin ein Schüler«, erklärte er, »und ich suche Lehrmeister.« Zar Peter war bereit, von jedem zu lernen, hoch oder niedrig. So beschäftigte er sich mit Geometrie, Pioniertechnik, Mikroskopie, Architektur und Mechanik. Doch er konnte bald auch Schuhe besohlen und Zähne ziehen. Letzteres machte ihm besonderen Spaß. Mancher Höfling bereute es bitter, sich über Zahnschmerzen beklagt zu haben, denn der Zar hielt fast immer eine Zange bereit, um seine Kunstfertigkeit zu beweisen.

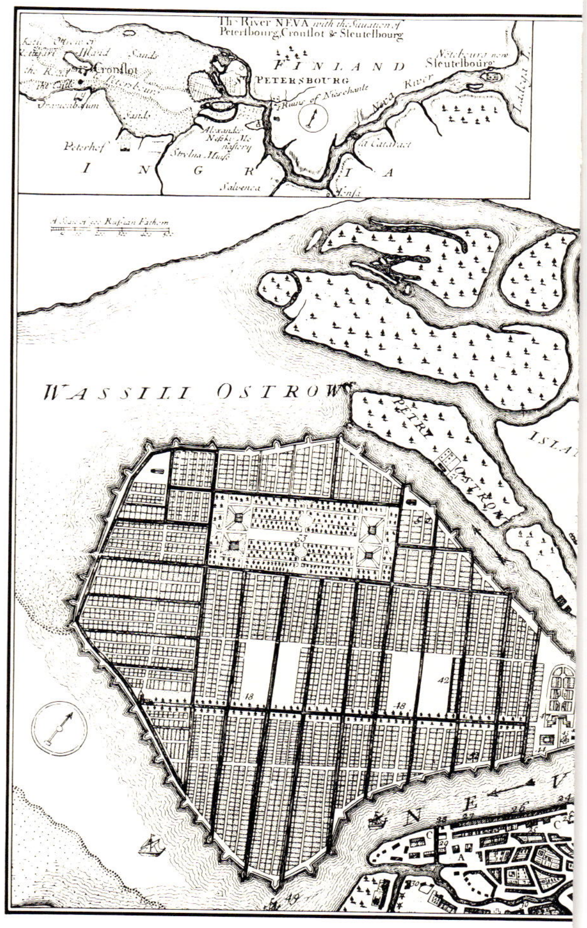

Peter wollte gerade nach Venedig aufbrechen, als ihn die Nachricht erreichte, daß die Strelitzen einen neuen Aufstand gewagt hatten, um Sofia doch noch an die Macht zu bringen. Bis Peter nach Rußland zurückkam, hatten loyale Armeegenerale die Revolte bereits unterdrückt. Die blutigen Vergeltungsmaßnahmen des Zaren erinnerten an Iwan den Schrecklichen. Nach grausamen Foltern wurden fast tausend Strelitzen gehenkt oder geköpft. Ihre Leichen stellte man auf dem Roten Platz aus, um jedem die Gefahren der Widersetzlichkeit vor Augen zu führen.

Nicht ganz so ungnädig verfuhr der Zar mit seiner langweiligen und verbohrten Gattin. Da sie weiterhin kompromißlos an ihren bornierten religiösen Vorstellungen festhielt, nahm er ihr den Zarewitsch Alexei und schickte sie als Nonne in ein Kloster. Ein paar Jahre später ehelichte Peter eine litauische Dienstmagd, die er bei den Kämpfen gegen die Schweden »erobert« hatte, und krönte sie als Katharina I.

Die Verstoßung Eudoxias und das brutale Durchgreifen gegen die Strelitzen waren erst der Auftakt zu einer Reihe revolutionärer politischer und gesellschaftlicher Veränderungen. So reduzierte er die achtzig Gouvernements auf elf sowie fünfzig Provinzen, die sich leichter verwalten ließen. Und um fähige Leute für eine effektivere Bürokratie und die modernisierte Armee zu bekommen, bestimmte Peter, daß alle männlichen Mitglieder aus dem Kreis der Großgrundbesitzer jederzeit für Regierungs- oder Armeeaufgaben eingezogen werden konnten. Zur Belebung des Handels wurden die großen Kaufleute, aber auch Mitglieder der »Gebildeten Stände« von dieser Dienstpflicht ausgenommen und erhielten zudem das Privileg, sich frei niederlassen zu können. Die »Gemeinen« durften dagegen ihre Heimatstädte nicht verlassen. Und auf den Gütern blieben die Leibeigenen dazu verurteilt, ihr gesamtes Leben unter der Herrschaft ihres »gottgewollten« Besitzers zu verbringen.

Von dem von Peter dem Großen erbauten St. Petersburg aus, das seinen Namen nach dem Apostel trägt, gelangte die russische Marine mühelos von der Newa in die Ostsee. Ein Kartograph aus dem 18. Jh. zeichnete diese Karte. Straßen, Plätze und Parks brachten die Zivilisation in die feindliche Wildnis.

Peter sah sich selbst als »Handwerksmeister auf dem Thron«, der alle Hände voll zu tun hat und nie zur Ruhe kam. Dauernd eilte er von einem Ende seines Reichs zum andern, um Modernisierungsmaßnahmen anzuregen oder zu erzwingen. Im Winter reiste er mit einem leichten Schlitten, wobei an eng aufeinanderfolgenen Relaisstationen stets frische Pferde bereitstanden. Nicht selten legte er so mehr als hundertfünfzig Kilometer pro Tag zurück. Aber auch zu Hause gönnte er sich keine Ruhe. Manchmal erschien er schon um drei Uhr morgens in seinem Studierzimmer und ließ durch Boten seine Beamten aus dem Bett holen, um ihnen seine neuesten Pläne mitzuteilen.

Immer neue Ideen und Einfälle wurden realisiert. Mit einer Reform, der Kalenderreform, katapultierte er sein Land wortwörtlich in die neue Zeit. Die byzantinische Zeitrechnung beginnt im Jahr 5508 vor Christus, dem mutmaßlichen Datum der Erschaffung der Welt, wie es nach der Bibel interpoliert wurde. Der Zar dekretierte, daß ab sofort auch in seinem Reich die in den meisten europäischen Ländern geltende Zeitrechnung Gültigkeit habe. Auch das Münzwesen war in Peters Augen eher ein Hindernis als eine Erleichterung für Handel und Wirtschaft. Die meisten im Umlauf befindlichen Münzen stammten aus dem Ausland und waren lediglich durch ein aufgeprägtes M für »Moskauer Staat« für gültig erklärt worden. Wollte ein Händler Geld wechseln, mußte er nicht selten eine Münze kleinhacken. Peter schuf nicht nur eine neue Münzordnung, sondern errichtete auch eine Prägeanstalt, die innerhalb von drei Jahren mehrere Millionen der neuen Münzen in Umlauf brachte.

Selbst das ehrwürdige russische Alphabet wurde durch den Zaren modernisiert. Er ließ mehrere Buchstaben und Zeichen, die er für veraltet hielt, entfernen und gab den verbleibenden eine einfachere und leichter lesbare Form. Um seine Untertanen für den Fortschritt vorzubereiten, errichtete er berufsbildende Schulen sowie Akademien für Mathematik, Maschinenbaukunst und Medizin sowie eine Marineakademie.

Den größten Teil seiner Einbildungskraft, Energie und Ressourcen setzte er für sein wohl größtes Projekt ein – den Bau der schon lange erträumten Hafenstadt St. Petersburg. Da es ihm nicht gelungen war, europäische Alliierte für den Kampf gegen die Türken zu gewinnen, hatte Peter Asow wieder aufgeben müssen.

Daraufhin wandte er sich nach Norden zur Ostsee, die größtenteils in Händen der Schweden war. Um sich Zugang zur Ostsee zu verschaffen, mischte sich der Zar in den großen Nordischen Krieg ein, der einundzwanzig Jahre dauern sollte und sehr große Opfer erforderte. Nicht selten focht Peter Seite an Seite mit seinen Soldaten und Seeleuten. Im Jahr 1703 gelang es den Russen, einen schmalen Korridor entlang der Newa bis zum Meer hin zu erobern. Hier wollte Peter seine Stadt errichten.

Das Ganze war die Idee eines Tollkühnen; kein Monarch außer Peter hätte sich auf so etwas eingelassen. Das Gebiet war alles andere als einladend – eine Gruppe von Inseln im sumpfigen Delta der Newa, die außerdem sechs Monate im Jahr zugefroren war. Staatsrechtlich gehörte es noch immer zu Schweden und war lediglich von russischen Truppen okkupiert. Und der Krieg war noch keineswegs zu Ende. Peter mußte also zugleich mit dem ungünstigen Gelände, dem schrecklichen Wetter und den Schweden um seine neue Stadt ringen.

Er ließ eine Festung und einen befestigten Außenring errichten, der die Schweden abhalten sollte, und begann mit dem Bau. Einhundertfünfzigtausend Russen, darunter auch viele Sträflinge, sowie Kriegsgefangene machten sich an die Ausschachtarbeiten. Sie verfügten nur über primitivste Geräte und mußten teilweise die Erde in ihren zerschlissenen Hemden wegtragen. Tausende starben, und man sagte später zurecht, daß St. Petersburg auf menschlichen Knochen errichtet sei. Aber Peter ließ sich durch keine Widrigkeit entmutigen. Als Steine und Steinmetze fehlten, verbot er einfach die Errichtung von Steinbauwerken in Moskau. Eine Stadt braucht aber nicht nur Häuser, sondern vor allem Menschen, um sie mit Leben zu füllen. Das Newa-Delta aber war kein Erholungsgebiet, und nur wenige teilten Peters Enthusiasmus für die See. Deshalb erließ der Zar eine weitere Verordnung, nach der jeder russische Edelmann verpflichtet war, in St. Petersburg zu bauen. Der Adel murrte, aber er gehorchte. Dabei waren die Baukosten in der frostigen »Frontstadt« so hoch, daß nicht wenige dabei die Hälfte ihres Vermögens verloren.

Die Zahl der Bevölkerung von St. Petersburg schnellte aber in die Höhe, als der Zar es zur neuen Hauptstadt Rußlands erklärte. Um ihre Arbeit nicht zu verlieren, sahen sich Tausende von Beamten mit ihren Familien gezwungen, von Moskau in die fünf-

Die Peter-und-Pauls-Kathedrale dominiert die Silhouette von St. Petersburg, das für seine langen und kalten Winter bekannt ist. Ein Großteil des Alltags und der Vergnügungen spielte sich an der Newa ab. Im Vordergrund rechts haben Frauen ein Loch ins Eis gehackt, um ihre Wäsche zu waschen.

hundert Kilometer entfernte Neugründung umzuziehen. Innerhalb von zehn Jahren brachte es St. Petersburg auf fast fünfunddreißigtausend Gebäude und achttausend Vögel – Importe aus Moskau –, die in einem Wald aus transplantierten Bäumen zwitscherten. Den öffentlichen Parkanlagen der Stadt schenkte Peter sein besonderes Interesse. Selbst noch bei den Vorbereitungen für eine neue Schlacht erinnerte er einen Adjutanten an eine Schiffsladung Blumen, die er aus dem Süden angefordert hatte. Dank seiner Begeisterung für mechanische Geräte fanden sich überall in den Gärten und Parks der Stadt Brunnen und Wasserspiele, von denen manche mit Überraschungseffekten aufwarteten. So gab es beispielsweise Brunnen, die wie riesige Pilze aussahen. Trat ein Bewunderer aber auf einen falschen Stein, bekam er einen Wasserstrahl ins Gesicht.

Der Zar lebte in seinem selbsterschaffenen Paradies verhältnismäßig einfach. Im Gegensatz zu seinem Vater, Zar Alexei, richtete er nur selten pompöse Bankette aus. Er bevorzugte Picknicks, bei denen die Gäste für Speis und Trank selbst aufkommen mußten. Oft sah man ihn in Arbeitskleidung oder in Uniform. Höfische Gewänder legte er nur an besonders wichtigen Fest- und Feiertagen an. Peter gehörte zu den ganz wenigen Monarchen seiner Zeit, die für sich persönlich aus ihrer Stellung keine besonderen Vorteile zogen. Er ging weder auf die Jagd noch an den Spieltisch, benutzte eine einfache, zweirädrige Kutsche und fand nichts dabei, daß der St. Petersburger Palast seines wichtigsten Beraters bedeutend herrschaftlicher wirkte als sein eigener.

Seine glücklichsten Stunden verbrachte er in Mon Plaisir, einem kleinen einstöckigen Pavillon mit Blick aufs Meer, der zum Peterhof gehörte, seinem Landsitz außerhalb von St. Petersburg. Gemessen an den »Lusthäusern« seiner königlichen und kaiserlichen Kollegen war Mon Plaisir mehr als bescheiden; doch einen Luxus hatte es, um den sie Peter wahrscheinlich beneideten – die Küche lag direkt neben dem Speisezimmer, so daß der Koch seine Kreationen durch ein Fenster hereinreichen konnte. Ein Gast des Zaren bemerkte dazu, daß dieser wahrscheinlich der einzige Monarch Europas war, der wirklich warme Speisen bekam.

Es scheint kein russisches Epos ohne tragischen Ausgang zu geben. Peters Tragödie ereignete sich im Jahr 1718. Sein nicht gerade willensstarker Sohn Alexei hatte viel von der sentimentalen

Auf diesem Ausschnitt eines Lubok – das sind volkstümliche, oft kolorierte Holzschnitte – wird Peter der Große als eine fette Katze dargestellt. Dieser Bilderbogen mit dem Titel »Die Mäuse begraben die Katze« wurde nach Peters Tod gedruckt, und ganz offensichtlich hatten die »trauernden« Untertanen sehr viel Spaß damit.

Frömmigkeit seiner Mutter Eudoxia übernommen und interessierte sich zum Leidwesen des Vaters so gut wie gar nicht für die neuen Naturwissenschaften oder die Kunst der modernen Kriegführung. Peter verachtete ihn als Schwächling. Es kam vor, daß der Zarewitsch vor Angst in Ohnmacht fiel, wenn der strenge Vater ihn zu sich beorderte. Einmal schoß sich Alexei in die Hand, um eine mathematische Aufgabe, die Peter ihm gestellt hatte, nicht zu Ende führen zu müssen. Verheerend für das Verhältnis zu seinem Vater aber wirkten sich die Sympathien Alexeis für die »Altrussen« aus, die reaktionären Bojaren und Kirchenleute, die Peters Reformen verabscheuten und hofften, daß der Zarewitsch sie wieder rückgängig machen würde.

Im Jahr 1716 floh der inzwischen sechsundzwanzigjährige Alexei aus Angst vor dem Vater nach Wien. Achtzehn Monate lang versuchten russische Diplomaten, teils durch Drohungen, teils durch Versprechungen, ihn zur Rückkehr zu bewegen. Doch erst als Peter ihm in einem Brief schwor, ihn wieder aufzunehmen und in Zukunft sein eigenes Leben führen zu lassen, willigte er ein. Nach seiner Heimkehr aber übergab ihn der Zar den Folterknechten. Peter hatte von seinem Sohn nicht mehr zu befürchten als von seinem Schneider, aber er ließ sich den Verdacht nicht nehmen, daß der Zarewitsch mit den Reaktionären konspirierte.

Unter der Folter gestand Alexei seinen »Verrat«, um weiteren Qualen zu entgehen. Ein Sondertribunal verurteilte ihn daraufhin zum Tod. Aber bevor das Urteil vollstreckt werden konnte, starb er an den Folgen der Folter.

Peter überlebte Alexei um sieben Jahre. Sein durch Geschlechtskrankheiten, Trinken, Infektionen und Überanstrengung geschwächter Körper verfiel immer rascher. Am Morgen des 8. Februar 1725 starb er mit den Worten auf den Lippen: »Gott möge diese große Seele gnädig aufnehmen.«

Die Nachwelt hat ihn ebenso mit Schmäh- wie mit Ehrentiteln überhäuft. So sahen einige Kirchenmänner seiner Zeit in ihm den Antichristen der Bibel, der das Ende der Welt ankündigt, und eine englische Zeitung würdigte ihn dagegen als »den größten Monarchen unserer Zeit, dessen Taten bis in die fernsten Zeiten seinen Ruhm verkünden werden.« Ein namenloser russischer Bauer, der vom Tod seines Herrschers hörte, meinte etwas weniger pathetisch: »Ja, das war ein Zar, ein echter Zar!«

DAS FENSTER ZUM WESTEN

Über diese Balkonbrüstung des Peterhof-Palastes konnte Peter I. über seine Parkanlage hinweg in Richtung des von ihm so bewunderten Westens blicken.

Peter der Große wollte Rußland zum Bestandteil der modernen Welt machen und mußte dafür sorgen, daß sich das Land auch nach außen hin anpaßte. Im Jahr 1703 verließ der Zar Moskau, die Bastion all dessen, was er zu verändern wünschte, und erbaute Petersburg – die neue, im westeuropäischen Frühbarock konzipierte Hauptstadt mit Palästen, Parks und Brunnen. Nicht weit davon errichtete er seine Sommerresidenz, den Peterhof.

St. Petersburg ebenso wie seine Residenz blickten nach Westen über die Newa-Mündung hinaus auf den Finnischen Meerbusen, auf seine geliebte Flotte und das bewunderte Europa. Die prächtige neue Hafenstadt und die elegante Residenz zeigten, daß Peter und sein Land im 18. Jh. angekommen waren.

So ungünstig das gefrorene Sumpfgebiet der Newa-Mündung, das voller Wölfe war, auch schien – Peter ließ sich durch nichts von seinem Vorhaben abbringen. Er krempelte die kaiserlichen Ärmel hoch und fällte sogar eigenhändig

Bäume. In den folgenden sieben Jahren stampften über 150000 Arbeiter, darunter viele Kriegsgefangene und zwangsverpflichtete Bauern, nach seinen Plänen Gebäude und Parkanlagen aus dem Boden. Sie drainierten den Boden, gruben Kanäle und Auffangbecken und zogen in Rekordzeiten ganze Straßenzüge hoch – alles bei Hungerrationen und bitterer Kälte. Sie schufen Peter eine Hauptstadt und eine barocke Sommerresidenz, die vor nichts im Westen zurückstehen mußten.

Peter I. war von den von ihm selbst entworfenen Wasserspielen des Peterhofs entzückt. Die höher als der Palast gen Himmel steigenden Fontänen umspielten die Statuen mythologischer Heroen und begeisterten den Zaren. Aber der Peterhof war mehr als nur ein Vergnügungspalast – denn mit ihm und seinen kühnen Bauwerken, die durch Peters Nachfolger noch wertvolle Ergänzungen erfuhren, öffnete sich Rußland symbolisch und strategisch zugleich nach Westen.

Nähert man sich dem Peterhof von der See, wird man von der eindrucksvollen »Großen Kaskade« empfangen, die sich über mehrere Terrassenstufen in ein zentrales Becken ergießt. Im Vorhof des Schlosses speit eine Gestalt glitzernde Fontänen in den Himmel. Die Figuren wurden erst nach der Zeit Peters I. vergoldet.

Die vergoldete Bronzestatue auf der »Großen Kaskade« erinnert an Peters militärische Siege, vor allem an die auf See. Die Kuppel rechts wird vom kaiserlichen Doppeladler gekrönt, der nach dem Wunsch Peters des Großen weit über die Zinnen blickt.

Eine goldschimmernde, hoheitsvolle Frauengestalt ruht vor einer der beiden Terrassenstufen der »Großen Kaskade«. Dieser Mittelpunkt des »Newa-Brunnens« personifiziert den Strom, der in den strategisch wichtigen Finnischen Meerbusen mündet. Die teils aus Blei, teils aus Bronze gefertigten und vergoldeten Statuen stammen von englischen, holländischen und russischen Künstlern.

Eine Wassernymphe und ein Triton schicken aus Muschelhörnern Fontänen in das zentrale Auffangbecken der »Großen Kaskade«. Der Triton reitet auf einem ebenfalls vergoldeten und wasserspeienden Seeungeheuer.

Wasserspeiende Delphine umgeben den biblischen Helden Samson, der die Taten Peters versinnbildlicht. Der lockenköpfige Riese reißt einem brüllenden Löwen das Maul auf, aus dem die mächtigste und höchste Fontäne des Peterhofs über 20 m in die Luft schießt. Vor allem nach dem Sieg Peters des Großen über die Schweden im Jahr 1709, mit dem er sich Zugang zur Ostsee verschaffte, verglichen die Russen ihn gern mit dem übermenschlich starken Bibelhelden.

SEITE 98/99: Vom Peterhof-Palast aus schweifte der Blick Peters des Großen über die Köpfe der Statuen und die Fontänen hinweg nach Westen – in jene Welt des Fortschritts, den er Rußland bringen wollte. Die Architekten, die den Samson- oder Großen Kanal – die Verbindung zwischen Hafen und dem Hinterland – bauten, arbeiteten nach Plänen, die Zar Peter I. selbst entworfen hatte.

IV

KATHARINA DIE GROSSE

MADAME »SCHLAUKÖPFCHEN«

Häusliche Tragödien standen im Haus Romanow auf der Tagesordnung. Was sich allerdings in der ersten Hälfte des 18. Jahrhunderts abspielte, war große Oper. In den fünfzehn Jahren, die auf den Tod Peters des Großen folgten, hatten vier in höchstem Maße unglückliche Herrscher den Thron inne. Katharina I. überlebte den Gatten nur um zwei Jahre, bis auch sie an Geschlechtskrankheiten und übermäßigem Alkoholgenuß zugrunde ging. Zar Peter II., der Sohn des ermordeten Alexei, starb als Heranwachsender an den Pocken. Kaiserin Anna, die Tochter Iwans V., regierte ein Jahrzehnt, bevor sie qualvoll an Nierenkrebs starb. Und Iwan VI., ein weiterer Nachkomme Iwans V., wurde im Alter von zwei Monaten zum Zaren ausgerufen und mit fünfzehn Monaten wieder abgesetzt. Seine einzige Verfehlung bestand darin, daß er eine Krone trug, die Elisabeth, die Tochter Peters des Großen, gern gehabt hätte.

Sie war die einzige unter seinen Kindern, die Rückgrat besaß. Im Rahmen eines von ihr angeregten Coups wurde sie von St. Petersburger Gardesoldaten durch die verschneiten Straßen der Stadt zum Winterpalast getragen und zur Kaiserin ausgerufen. Sie regierte zwanzig Jahre lang voller Tatkraft und Umsicht. Doch hauptsächlich erinnert man sich an sie wegen ihrer Heiratspolitik, die eine der brillantesten, kühnsten und temperamentvollsten russischen Herrschergestalten an die Macht brachte – Katharina die Große. Elisabeth hatte nämlich eine ihrer Herrscherpflichten aufs sträflichste vernachlässigt – sie hatte keinen Erben hervorgebracht. Sie versuchte das Problem dadurch zu lösen, daß sie ihren Neffen zum Nachfolger bestimmte – er regierte als Zar Peter III. – und an den europäischen Fürstenhöfen eine passende Gattin für ihn suchte. Nachdem sie verschiedene Kandidatinnen in Erwä-

Katharina II. von Rußland mit den kaiserlichen Insignien, die sie nach dem Tod ihres Gatten, Peter III., im Jahr 1762 für sich in Anspruch genommen hatte.

gung gezogen hatte, entschied sie sich für eine deutsche Prinzessin aus dem kleinen Fürstentum Anhalt-Zerbst. Eigentlich hieß sie Sophie, benutzte aber ihren Taufnamen Katharina, den sie beim Übertritt in die russisch-orthodoxe Kirche erhalten hatte.

Das Paar hätte nicht schlechter ausgesucht werden können. Peter war durch und durch degeneriert – häßlich, lümmelhaft und grausam. Im Gegensatz zu ihm war die sechzehnjährige Katharina hübsch, gut erzogen und intelligent. Sie machte sich bei Hof rasch beliebt, lernte Russisch, ohne allerdings je ihren deutschen Akzent zu verlieren, eignete sich die Landessitten an und schmeichelte dem Klerus durch kirchenfrommes Gebaren. Vor allem aber erfüllte sie eine wichtige Funktion und brachte einen männlichen Thronfolger zur Welt, dessen Vater allerdings nicht der wahrscheinlich impotente Peter, sondern einer ihrer Liebhaber war.

Auf fast allen Gebieten überstrahlte Katharina den mitleiderregenden Gatten. Ihre rasche Auffassungsgabe, ihr Charme und ihr Eifer, sich in allem russisch zu geben, machte sie rasch in weiten Kreisen populär, und das auf Kosten Peters. Nachdem Elisabeth im Jahr 1762 gestorben war, startete der neue Zar einen schlecht vorbereiteten Coup, um seine willensstarke Gattin, die er Madame »Schlauköpfchen« nannte, vom Hof zu verbannen. Doch in dem Machtkampf zwischen den beiden war Peter eindeutig der Unterlegene. »Ich werde regieren oder untergehen«, erklärte Katharina und organisierte den Gegenschlag. Unterstützt von Gardeoffizieren, die ihr freundschaftlich verbunden waren, ritt sie in der Uniform eines militärischen Befehlshabers in St. Petersburg ein und ließ sich zur Kaiserin ausrufen. Peter gab sofort auf und »ließ sich wie ein kleines Kind zu Bett schicken«, wie ein europäischer Herrscher bemerkte. Er dankte ab und begab sich – unter Bewachung – auf seinen Landsitz. Einige Tage später wurde er auf mysteriöse Weise zu Tode geprügelt. Ungerührt erklärte Katharina der Öffentlichkeit, ihr Gatte sei eines natürlichen Todes gestorben.

Die neue Zarin wußte, daß sie als deutsche Usurpatorin auf schwankendem Grund stand. Mit ihrem Gespür für wirksame »Öffentlichkeitsarbeit« wollte sie sich deshalb ein neues Image als echte Moskowiterin geben und gestaltete ihre Krönung als Spektakel so recht nach dem russischen Herzen. In einer riesigen Pro-

In prächtiger Robe und auf erhöhtem Thron, nimmt Katharina bei ihrer Krönung in der Uspenskij- oder Mariä-Himmelfahrts-Kathedrale des Kreml die Huldigung der Kirchenfürsten und anderer Großen ihres Reichs entgegen. Nach der feierlichen Zeremonie ermutigte »die Deutsche« das einfache Volk durch Geldgeschenke und Amnestien.

zession mit neunzehntausend Pferden machte sie sich von St. Petersburg auf nach der alten Hauptstadt Moskau. Auf dem Weg ließ sie sechshunderttausend Silbermünzen unter das staunende und jubelnde Volk werfen. Bei der feierlichen Krönung dann im September 1762 trug sie eine golddurchwirkte Seidenrobe mit dem kaiserlichen Doppeladler. Darüber einen Hermelinmantel, der aus viertausend Pelzen gefertigt war. In der Uspenskij-Kathedrale setzte sie sich vor fünfundfünfzig ihr huldigenden Kirchenführern mit kühner Geste selbst die Krone aufs Haupt.

Diese Krone zählt zu den prächtigsten Meisterwerken der russischen Goldschmiedekunst. Katharina hatte dem Hof-Goldschmied Jérémie Posier freien Zugang zu den Schatzkammern der Romanows gewährt. Er berichtete darüber in seinen Memoiren: »Ich suchte mir die größten Steine heraus, darunter sowohl Diamanten wie Farbsteine... und konnte so die prächtigste Krone schaffen, die es je in Europa gegeben hat.« Sie war in der Tat erstaunlich: Ihre fünftausend Diamanten hatten ein Gewicht von dreitausend Karat, dazu kamen zahllose Perlen und ein vierhundertfünfzehn Karat wiegender Rubin, den Zar Alexei vor fast einem Jahrhundert von einem chinesischen Kaiser erworben hatte. Trotz Posiers Bemühungen, die Krone so leicht wie möglich zu gestalten, wog sie noch immer fast fünf Pfund. Das Krönungsfeuerwerk, das diesen Tag beschloß, überstrahlte die kleine Prinzessin aus Anhalt-Zerbst, die für ihre Untertanen die zugleich hoheitsvollste und »russischste« aller ihrer Monarchen werden sollte.

Auch sie bestieg den Thron voller neuer Ideen für ihr Land. Wie bei Peter dem Großen sechs Dekaden davor, nahmen auch ihre imperialen Visionen vor allem in Prunkbauten Gestalt an. Sie überwachte nicht nur den Ausbau von St. Petersburg und Moskau, sondern förderte auch Pläne für die Erneuerung oder Gründung von vierhundertsechzehn weiteren Ortschaften und Städten. Dazu zog sie viele ausländische Architekten heran, die den im übrigen Europa zu dieser Zeit üblichen klassizistischen Stil einführten, der den überladenen russischen immer mehr verdrängte. Die von Katharina in Auftrag gegebenen Paläste und öffentlichen Gebäude prunkten mit Reihen »klassischer« Säulen – ein Versuch, die ruhmreiche Vergangenheit Roms und Griechenlands wiederzubeleben. Während ihrer Regierungszeit wandelte

Auf diesem Stich aus dem 19. Jh. reiten drei bewaffnete Kosaken auf ihren feurigen Rössern in die Schlacht.

RUSSLANDS BAUERNKRIEGER

Unter den russischen Völkern nahmen die Kosaken eine Sonderstellung ein. Sie rekrutierten sich aus davongelaufenen Leibeigenen, Deserteuren und Abenteurern aller Art, die in den Grenzgebieten des Riesenreichs freie Gemeinschaften bildeten. Im 15. Jh. genossen die Kosaken als geschickte Reiter und Kämpfer gegen die Tataren einen besonderen Ruf. Ihr Name stammt wahrscheinlich von dem tatarischen Kazak, was soviel bedeutet wie »Mann der Grenze«.

Die Zaren hatten immer wieder versucht, Kosaken zur Sicherung der Landesgrenzen einzusetzen, vor allem beim Vorstoß nach Sibirien. Doch viele Kosakengruppen entzogen sich der zaristischen Autorität. Sie überfielen Händler und friedliche Bürger, nahmen Kriminelle und Feinde der Zaren bei sich auf und unterstützten ausländische Thronprätendenten. Immer wieder gab es ausgedehnte und blutige Bauernaufstände – vor allem im Ural- und Wolgagebiet –, an denen sich die Kosaken beteiligten. Im Jahr 1773 führte Jemelja Iwanowitsch Pugatschow die größte dieser Rebellionen gegen Katharina II., wobei er sich als den auf wundersame Weise erretteten Peter III. ausgab. Er verwüstete große Teile des östlichen Rußland, bevor die Erhebung mit militärischen Mitteln niedergeworfen und Pugatschow selbst gefangengenommen werden konnte. Katharina verschärfte daraufhin die Kontrollen über die Kosaken und die leibeigenen Bauern und hinterließ eine unterdrückte und sich nach Befreiung sehnende Nation.

sich das unter Peter dem Großen trotz aller Bemühungen doch noch recht kleinstädtisch wirkende St. Petersburg in eine beeindruckende Hauptstadt aus Granit. In einem Brief gestand sie: »Das Bauen ist für mich wie eine Sucht... Das ist nicht anders als bei einem Trinker.« Neben dem Winterpalast ließ Katharina ihr ganz privates Refugium errichten, einen anmutigen kleinen Palast, den sie als Eremitage bezeichnete, was im Französischen »Einsiedelei« bedeutet. Hier fand ihre ständig wachsende Gemäldesammlung Platz. Bald allerdings mußten schon neue Gebäude hinzugefügt werden, da ihre Sammlerleidenschaft keine Grenzen kannte. Ihr kam es dabei weniger auf den ästhetischen als auf den Prestigewert der Werke an. Da man Macht und Einfluß der europäischen Höfe nicht zuletzt an der Zahl ihrer Kunstwerke maß, mußte Rußland nach Katharinas Meinung einfach über die meisten und besten verfügen. Katharinas Botschafter hatten den Auftrag, ständig nach günstigen Gelegenheiten Ausschau zu halten.

Manchmal kamen ganze Schiffsladungen mit Kunstgegenständen in St. Petersburg an. So bestand ein Großeinkauf beispielsweise aus neun Gemälden Rembrandts und sechs van Dycks. Im Jahr 1778 kaufte Katharina die riesige Sammlung Sir Robert Walpoles auf, worauf sich in England ein Proteststurm erhob, weil nationale Kulturgüter ins Ausland verbracht wurden. So entstand bald aus einem Grundstock von einem Dutzend Werken eine riesige Sammlung von annähernd viertausend Gemälden. Was Katharina anfaßte, geriet ihr ins Riesenhafte, ja Unmäßige.

Immerhin ließen sich die westeuropäischen Höfe durch Katharinas Anstrengungen langsam dazu herbei, das »wilde Rußland« in den Kreis der zivilisierten Nationen aufzunehmen. Bald schon verglichen überraschte Besucher St. Petersburg mit Paris. Nirgendwo glitzerte die feine Gesellschaft im wahren Sinne des Wortes mehr als hier. So meinte der englische Botschafter, der ein Bankett besuchte, bei dem zusammen mit dem Dessert Diamanten serviert wurden, daß »diese Stadt alles übertrifft, was man sich vorzustellen vermag«. Auch andere ausländische Diplomaten, die schließlich an Pomp und Pracht gewöhnt waren, bestaunten den Glanz der russischen Metropole und ihrer Oberschicht. »Viele der Edlen wirken wie mit Diamanten übersät«, notierte einer von ihnen. »Ihre Knöpfe, Schließen, Degengriffe und Epauletten bestanden fast nur aus Diamanten. Die Hüte trugen meist mehrere

FORTSETZUNG SEITE 110

Der gutaussehende Grigori Orlow (oben) und seine vier Brüder waren die Anführer jener Truppen, die Peter III. vom Thron stießen und ermordeten. Grigori war darüber hinaus einer der vielen Liebhaber Katharinas. Als sie nach zehn Jahren seiner überdrüssig wurde, verfiel er in geistige Umnachtung.

In diesen achteckig geschnittenen Smaragd ließ Katharina ihr Profil mit dem etwas vorspringenden Kinn eingravieren, das von manchen als wenig anziehend empfunden wurde. Sie machte den fast zwanzig Karat wiegenden Stein, der mit Diamanten gefaßt ist, ihrem Liebhaber Grigori Orlow zum Geschenk.

Alexei, der Bruder von Grigori Orlow und Mörder Peters III., erhielt von der dankbaren Katharina diese emaillierte goldene Schnupftabakdose zum Geschenk. Die Darstellungen erinnern an einen Seesieg über die Türken, der 1770 unter dem Oberbefehl Alexeis errungen wurde.

LIEBESGABEN FÜR DIE ZARIN

Katharina war die Tochter einer in relativ bescheidenen Umständen lebenden deutschen Fürstenfamilie. Als sie mit fünfzehn Jahren an den russischen Hof kam, brachte sie genau drei Tageskleider mit, in denen sie der an Luxus gewöhnten Zarin Elisabeth entgegentrat. Achtzehn Jahre später gelang es ihr durch Intrigen, den Thron selbst zu besteigen. Von da an schwelgte sie in jedem nur erdenklichen Luxus.

Die Hofgesellschaft von St. Petersburg stand der Ausländerin zunächst mit größtem Mißtrauen gegenüber. Erst nachdem sie Russisch gelernt, zum orthodoxen Glauben übergetreten war und begonnen hatte, auf politischer wie privater Ebene nach bester einheimischer Manier zu intrigieren, wurde sie akzeptiert. Bald fiel ihr auf, daß die russischen Aristokraten ihren Reichtum sehr viel ungenierter zur Schau stellten als die deutschen. Beispielsweise besaß ihre Ratgeberin Elisabeth Tausende von Kleidern, von denen viele niemals getragen wurden.

Katharina lernte rasch, ihr in jeder ihrer Extravaganzen zu folgen. So sah man sie selten ohne phantastisches Geschmeide, und auch wenn es um Geschenke ging, war das Beste gerade gut genug, wie die beiden Stücke links beweisen. Allerdings verfolgte Katharina damit meist höchst eigennützige Absichten. Sie verteilte sie überlegt an Briefpartner, Gefolgsleute und Liebhaber – was alles zusammen nicht selten auf ein und dieselbe Person zutraf. Und die Empfänger solch großzügiger Gaben sahen sich meist verpflichtet, sich zu revanchieren. Als Herrscherin mit dem eisernen Machtwillen erhielt sie eines ihrer schönsten Geschenke (Seite 108/109) auch nicht als Liebesgabe, sondern als Tribut eines von ihr im Kampf besiegten Herrschers.

In der vergeblichen Hoffnung auf eine Wiederbelebung ihrer Beziehung, schenkte Orlow Katharina den viertgrößten Diamanten der Welt. Umrahmt von weniger wertvollen gelben Brillanten, krönt der 193 Karat wiegende Stein ihr kaiserliches Zepter.

Türkische Halbmonde, emaillierte Blätter und Blumen und ein funkelnder, rosafarbener Stein schmücken einen mit weißen Steinen besetzten Goldbeschlag – Teil eines Pferdegeschirrs, das Katharina im Jahr 1775 von Sultan Abd al-Hamid nach Abschluß eines Vertrags, der den ersten russisch-türkischen Krieg beendete, verehrt bekam.

Dieses Bukett aus Diamanten, das einen riesigen Topas umschließt, wurde mit Stift und Kettchen am Stirnband des Zaumzeugs befestigt. Es ist der prächtigste Teil des Pferdegeschirrs. Ergänzt wurde dieses Ensemble durch silberne Hufeisen und Nägel.

FORTSETZUNG VON SEITE 105

Von all ihren Liebhabern war Katharina am leidenschaftlichsten und längsten mit dem zehn Jahre jüngeren Grigori Potemkin verbunden, einem »Riesen« aus der Ukraine. Er gehörte zu ihren engsten Beratern und wurde von ihr zum Feldmarschall ernannt.

Reihen wertvoller Stickereien, und wer keinen Diamantstern auf der Brust trug, fiel schon fast auf.«

Die ausländischen Gesandten schickten außer begeisterten Anmerkungen zum glitzernden gesellschaftlichen Leben in der russischen Hauptstadt auch gern süffisante Hinweise auf Katharinas lebhaftes Sexualleben nach Hause. Eingeweihte zählten bis zu zwanzig Liebschaften der Kaiserin – gleichzeitig oder kurz aufeinanderfolgend. Und Katharina machte aus ihrem Herzen keine Mördergrube. »Mein Herz«, gab sie zu, »kann auch nicht eine Stunde lang ohne Liebe sein.« Ihre Affären, die vom kurzen, aber intensiven Flirt mit einem hübschen Gardisten bis zu langjährigen Liebschaften reichten, brachten eine ganze Reihe illegitimer Nachkommen hervor. Drei davon verdankte sie Graf Grigori Orlow, einem blendend aussehenden Offizier der Garde und Bruder des mutmaßlichen Mörders von Peter III., der in den Gemächern der Kaiserin so heimisch war, daß ein ausländischer Gesandter meinte, »ihm fehlt eigentlich nur noch der Titel Kaiser«. Katharina und Grigori überschütteten sich gegenseitig mit Zeichen ihrer Zuneigung. Neben mehreren Palästen und Gütern mit zusammen sechstausend Leibeigenen schenkte die Zarin ihrem Liebhaber auch ein kleines, in Diamanten gefaßtes Porträt, das er ständig auf dem Herzen trug. Er dagegen überraschte seine Herzdame dafür mit dem nach ihm benannten »Orlow-Diamanten«, dessen Gewicht mit 193 Karat angegeben wird. Nach der Legende bildete er einmal das Auge einer indischen Statue und wurde von einem französischen Soldaten gestohlen.

Die ganz große Liebe im Leben Katharinas war jedoch Fürst Grigori Potemkin, Soldat, Politiker, Verwaltungs- und Kolonisierungsfachmann, Poet, Liebhaber und Schwindler – und alles in großem Stil. Manchmal empfing er Diplomaten in Morgenrock und Pantoffeln, während seine Finger mit Rohedelsteinen spielten und ein Adjutant ihm klassische griechische Texte vorlas. Potemkin führte sich gern als verspäteter Ritter auf. So hatte einmal eine Dame während eines Soupers ihre Abendschuhe beschmutzt. Der Fürst ließ darauf sofort einen Husaren losreiten, um ihr neue zu besorgen – aus Paris.

Ein anderes Mal gab Potemkin eine Gesellschaft für nur vierundzwanzig auserlesene Paare. Sie tanzten zur Musik eines Dreihundertmannorchesters, um sich dann ins fürstliche Privattheater zu begeben. Schließlich wurden die Gäste von einem persischen Diener, der auf einem mit Smaragden und Rubinen besetzten mechanischen Elefanten hereinritt, an die Tafel gerufen.

Doch der Fürst machte sich nicht nur durch seinen Sinn für Romantik und elegante Lebensart um die Krone verdient. Als Günstling und überaus befähigter Berater Katharinas unterstützte er deren Expansionspolitik. Auch darin konnte die Kaiserin nie genug bekommen. Zweimal führte sie Krieg gegen das Osmanische Reich, um endgültig den Zugang zum Schwarzen Meer zu sichern. Und im Jahr 1793 entriß sie Polen die Ukraine. Im Jahr 1795 dann wischten Rußland, Österreich und Preußen in der sogenannten dritten polnischen Teilung Polen völlig von der Landkarte, wobei Katharina den Löwenanteil erhielt. Insgesamt fügte sie dem russischen Staatsgebiet während ihrer Regierungszeit über dreihunderttausend Quadratkilometer hinzu.

Schon im Jahr 1783 hatte Potemkin für sie die Krim erobert, die sie vier Jahre später mit einem großen Gefolge besuchte. In ihrer Begleitung befanden sich auch viele ausländische Diplomaten, denen die Erfolge russischer Kolonialpolitik vor Augen geführt werden sollten. Im Januar des Jahres 1787 bewegte sich von St. Petersburg aus eine elegante Karawane von fast zweihundert Schlitten nach Süden. Am Dnjepr schiffte man sich auf einem Verband von kleineren Schiffen ein, die römischen Barken nachempfunden waren. Auf jedem von ihnen befand sich ein Orchester. Darauf segelte man gemächlich an den neuen, von Potemkin errichteten Ortschaften vorbei, von denen allerdings einige nichts als Staffage waren. Trotz dieser sprichwörtlich gewordenen »Potemkinschen Dörfer« muß die rasche Besiedlung der neu erworbenen südrussischen Gebiete als beachtliche Leistung gewertet werden.

Auch der gewandte Umgang mit den großen Geistern der westeuropäischen Aufklärung trug nicht wenig zum Prestige Katharinas und ihres Landes bei. Sie las aufmerksam die nicht selten recht widersprüchlichen Werke dieser Denker und Erzieher, die sich aus den Fesseln der Religion und politischen Reaktion befreien wollten, um der Welt ein menschlicheres und liberaleres Antlitz zu geben. Montesquieu und Voltaire interessierten sie besonders. Letzterer, mit dem sie bis zu seinem Tod im Jahr 1778 korrespondierte, gab ihr den Beinamen »die Große«. Er war ihr Liebling unter der westeuropäischen Intelligenzija. Sogar den Mord an ihrem

Zerlumpte Krimbauern spähen um die Ecke eines Blockhauses, vor dem sich eine adrett gekleidete Nachbarfamilie aufgestellt hat, um der inspizierenden Zarin Fortschritt und Wohlergehen der 1783 annektierten Halbinsel vorzutäuschen. Potemkin war von Katharina II. zum Gouverneur der Krim ernannt worden und griff anläßlich ihrer großen Inspektionsreise im Jahr 1787 nicht nur einmal zu einer solchen List.

Auf einer zeitgenössischen englischen Karikatur mit dem Titel »Ein kaiserlicher Schritt« versucht Katharina über die staunenden europäischen Monarchen hinweg Rußland mit Konstantinopel zu verbinden. In ihrem imperialistischen Überschwang träumten die Zarin und ihr Ratgeber Potemkin von der Vertreibung der Türken aus der alten oströmischen Hauptstadt und der Errichtung eines neuen Reichs.

Gatten Peter III. versuchte er zu rechtfertigen. Im Zusammenhang mit ihrem Gatten sprach er beiläufig von »dieser Bagatelle«.

Doch Katharina enttäuschte schließlich die liberalen Philosophen Europas, die sie zunächst als Vorbild eines »aufgeklärten Monarchen« gehalten hatten. Vor allem erhofften sie von ihr die Aufhebung der Leibeigenschaft, nachdem sie in jungen Jahren Äußerungen getan hatte, die jeden anderen in einen ihrer Kerker gebracht hätten. So verfaßte sie beispielsweise den Entwurf eines Gesetzbuchs, der so liberal ausfiel, daß Ludwig XV. seine Veröffentlichung verbot. Andererseits aber war die Zarin sehr auf die Unterstützung der russischen Aristokraten angewiesen, da nur so die Ruhe im Land aufrechterhalten werden konnte. Und jedesmal, wenn die kaiserliche Autorität in Frage gestellt wurde, verlieh sie ihnen noch größere Rechte gegenüber ihren Untertanen.

Als dann das Zeitalter der Aufklärung in die Französische Revolution von 1789 mündete, war Katharina zu Tode erschrocken. Liberales Theoretisieren und Politisieren war eine Sache, die Exekution eines Monarchen aber eine andere. Die Büste des verehrten Voltaire wanderte in die Rumpelkammer, und Katharina wurde in den darauffolgenden Jahren immer konservativer. Sie lebte in ständiger Angst, der Funke der Revolution könne auch auf ihr Land überspringen. Wie so viele andere Monarchen mit einer langen Regierungszeit hatte auch Katharina ihre Zeit überlebt.

So sehr sie sich auch dagegen wehren mochte, das Alter ließ sich nicht aufhalten. Der so lebens- und sinnenfrohen Herrscherin fielen die Zähne und Haare aus, und sie wurde mehr als rundlich. Oft fühlte sie sich so schwach, daß sie im Rollstuhl durch den Palast geschoben werden mußte. Am 6. November 1769 erlitt sie einen schweren Schlaganfall und starb sechsunddreißig Stunden später.

In der für sie typischen Voraussicht hatte sie ihr eigenes Epitaph verfaßt, das sich nach ihrem Tod unter ihren Papieren fand. Wie viele andere ihrer Äußerungen war es vielleicht etwas selbstgefällig, spiegelte aber zweifellos das Selbstgefühl der Kaiserin wider – und das Bild, das die Nachwelt von ihr erhalten sollte: »Sie vergab leicht und haßte niemand. Tolerant, anspruchslos und von heiterem Gemüt, besaß sie einen republikanischen Geist und ein gütiges Herz.«

MEISTERWERKE AUS DER SAMMLUNG KATHARINAS II.

Eine großartige Errungenschaft Katharinas – »Die Heimkehr des verlorenen Sohns« von Rembrandt – hängt in ihrer berühmten Galerie, der Eremitage.

Liebe zur neuen Heimat und Ruhmsucht machten Katharina in ihren eigenen Augen zur »unersättlichsten« Kunstsammlerin ihrer Zeit. Die hier und auf den folgenden Seiten abgebildeten Gemälde sind nur ein kleiner Teil der riesigen Sammlung, die sie während ihrer vierunddreißig Regierungsjahre anlegte.

Katharina bestieg zu einer Zeit den Thron, als auch die wohlhabende Mittelklasse begann, ihren Besitz durch Kunstwerke zu bereichern. Weltliche und geistliche Herren waren nicht mehr die einzigen Interessenten, und die Preise zogen an. Darüber hinaus kamen die ersten Kunstkritiker ins Spiel, die den Trend der Kunstsammler diktierten. Unerschrocken stürzte sich die Zarin trotz ihrer völligen Ignoranz in den lebhaften Handel. Und oft kaufte sie nicht nur ein einzelnes, besonders wertvolles Stück, sondern erstand gleich ganze Sammlungen.

So erwarb sie 1763, ein Jahr nach ihrer Krönung, von einem deutschen Händler 225 Gemälde, darunter auch die vier hier abgebildeten Werke berühmter europäischer Meister. Sie waren eigentlich für Friedrich II. von Preußen bestimmt gewesen, doch sie überbot ihn. Rücksichtslosigkeit und Glück halfen ihr nicht nur bei diesem ersten großen Kauf. Doch je mehr sie besaß, desto größer wurde ihre Gier.

PORTRÄT EINES ALTEN MANNES
Anthonis van Dyck

PORTRÄT EINES JUNGEN MANNES MIT HANDSCHUH, Frans Hals

JOSEPH UND POTIPHARS WEIB
Rembrandt van Rijn

DIE NICHTSTUER
Jan Steen

SEITE 116/117: *Auf einem Ausschnitt der »Nichtstuer« sieht man eine dösende Frau und ihren offensichtlich recht heiteren Gefährten mit der Tonpfeife in der Hand – eine der typischen, von Jan Steen so geliebten Alltagsszenen. Seine Liebe zum Detail machte ihn rasch populär und sprach auch Katharina an, die dennoch manche Bilder wegen mangelnder »Ähnlichkeit« zurückwies.*

Ausschnitt aus JOSEPH UND POTIPHARS WEIB

Generationenlang hatte sich die elegante Welt Westeuropas über die Provinzialität und Unzivilisiertheit Rußlands mokiert, was zweifellos das Interesse Katharinas an westlichen Kunstwerken förderte. Stundenlang saß sie über Gemäldekatalogen und steuerte von ihrem St. Petersburger Palast aus ihre Kunstagenten. Französische und deutsche Gelehrte, mit denen sie in Briefwechsel stand, informierten sie ebenso über bevorstehende Verkäufe wie russische Gesandte, Reisende und Freunde im westlichen Ausland. Sie gab ihnen zu verstehen, daß hohe Preise sie nicht abschrecken könnten.

Einer ihrer »Fährtensucher«, Fürst Beloselsky, erfuhr, daß die Sammlung des verstorbenen Grafen Heinrich von Brühl zum Verkauf stünde. Dieser hatte im Dienst Augusts des Starken und dessen Nachfolger und Sohn, August III., gestanden, die zugleich Könige von Polen und Kurfürsten von Sachsen waren. Dem Grafen war es gelungen, fast alle wichtigen Staatsämter in seiner Hand zu vereinen und ein riesiges Vermögen anzusammeln. Manche behaupteten, auf nicht unbedingt ehrenhafte Weise. Als er beauftragt wurde, eine Reihe von Meisterwerken für die königliche Gemäldegalerie in Dresden anzukaufen, soll er einige davon für seine eigene Sammlung abgezweigt haben. Doch das kümmerte die Zarin wenig. Sie bot über ihren Agenten Beloselsky eine beträchtliche Summe und bekam den Zuschlag. Auf diese Weise gelangte sie in den Besitz dieser brillanten Werke von Jean-Antoine Watteau, Philips Wouwerman und Peter Paul Rubens sowie einiger weiterer holländischer und flämischer Maler.

Im selben Jahr – 1769 – legte Katharinas Architekt auch die fertigen Pläne für die Galerie vor, die sie »Eremitage«, also »Platz der Abgeschiedenheit«, nannte. Hier, inmitten der wachsenden Zahl von Ölgemälden, verbrachte sie viele frohe Stunden.

DER ÜBERRASCHENDE ANTRAG, Jean-Antoine Watteau

LANDSCHAFT BEI HAARLEM, Philips Wouwerman

PERSEUS UND ANDROMEDA, Peter Paul Rubens

SEITE 120/121: *Auf diesem Ausschnitt aus Rubens' Gemälde »Perseus und Andromeda« greift der griechische Abenteurer nach dem Arm der äthiopischen Prinzessin, die er von einem Seeungeheuer befreit hat. Auf seinem Schild befindet sich das Haupt der von ihm getöteten Medusa.*

Ausschnitt aus DER ÜBERRASCHENDE ANTRAG

PAPST INNOZENZ X., Diego Velázquez

PORTRÄT EINES OFFIZIERS, Frans Hals

PHILIP, LORD WHARTON
Anthonis van Dyck

MORGEN AM HAFEN, Claude Lorrain

DIE FUHRLEUTE, Peter Paul Rubens

PORTRÄT EINES JUNGEN MANNES
Frans Hals

ELIZABETH UND PHILADELPHIA WHARTON
Anthonis van Dyck

Während der siebziger und achtziger Jahre des 18. Jhs. stiftete die russische Herrscherin auf dem europäischen Kunstmarkt viel Unruhe. Für manche schien sie sogar eine Gefahr. Obwohl sie immer häufiger über Qualität und Preise zu feilschen begann, war sie doch bereit, fast jede Summe für ein Werk zu bezahlen, das ihr Interesse erweckt hatte. Wo immer ihre Agenten auftauchten, schnellten die Preise in die Höhe. Immer wieder schnappte sie den Rivalen begehrte Werke unter der Nase weg. Diese Erfahrung mußte auch Sir Horace Walpole, der englische Schriftsteller und Kunstsammler, machen, der 1771, die Spuren einer berühmten französischen Sammlung verfolgend, nach Paris fuhr. Er kam zu spät: Katharina hatte sie bereits in ihren Besitz gebracht. (Auf den Seiten 124–127 sind einige dieser Werke abgebildet.)

Sechs Jahre später mußte Walpole einen noch weit härteren Schlag einstecken, als sein verrückter Neffe die hier abgebildeten Gemälde von Anthonis van Dyck, Diego Velázquez, Claude Lorrain, Frans Hals, Peter Paul Rubens und einige weitere heißgeliebte Stücke der Familiensammlung abstieß. Obwohl Katharina eine riesige Summe dafür bezahlte, machte sie ein fabelhaftes Geschäft. Beispielsweise erhielt sie den Velázquez (links) für einen Bruchteil des vermuteten Marktpreises.

Wie alle ihre großen Transaktionen war auch diese fast konspirativ vorbereitet und durchgeführt worden. Die Öffentlichkeit teilte Walpoles Entrüstung, als sie schließlich davon erfuhr. Immerhin hatte das britische Parlament den Ankauf dieser Werke erwogen, um sie für die Nation zu retten. Die Presse sprach von einem ungeheuren Akt der Barbarei – ein oft gegenüber Rußland erhobener Vorwurf, der in diesem Zusammenhang Katharina vielleicht ein Lächeln entlockt haben mag.

Ausschnitt aus ELIZABETH UND PHILADELPHIA WHARTON

DIE HEILIGE FAMILIE, Raffael Santi

PORTRÄT EINES SCHAUSPIELERS, Domenico Fetti

JUDITH, Giorgione

ISABELLA BRANT, Anthonis van Dyck

DIE GEBURT DER VENUS, Nicolas Poussin

Ein hervorragender Ratgeber Katharinas war der französische Aufklärer und Kunstsachverständige Denis Diderot, der mit vielen Sammlern und Kennern seines Landes in Verbindung stand. Katharina hatte ihm einmal, als er in Geldnot war, seine umfangreiche Bibliothek abgekauft und ihm außerdem ein Jahresstipendium angeboten, worauf der dankbare Diderot bereit war, sich jeder ihrer Launen zu beugen. Er beschaffte ihr neben weiteren Büchern einen besonders preisgünstigen Bildhauer – und vor allem Investitionsmöglichkeiten in Form von Gemälden. Die bedeutendste Investition war zweifellos der Erwerb des Nachlasses von Pierre Crozat, eines reichen Bankiers, der 1740 gestorben war. Die hier abgebildete Auswahl – fünf Gemälde der italienischen Meister Raffael, Domenico Fetti, Giorgione, Guido Reni und Paolo Veronese, drei der Holländer Rembrandt und van Dyck und eines des französischen Malers Nicolas Poussin – zeigt die Vielseitigkeit eines echten Connaisseurs.

Als Diderot 1771 das Geschäft mit Crozats Erben unter Dach und Fach hatte, erhob sich ein Proteststurm seiner Landsleute gegen diesen Ausverkauf nationaler Kulturgüter. Doch der Philosoph und seine Kaiserin zeigten sich uneinsichtig. Nüchtern meinte Diderot: »Geschmack und Weisheit ziehen nordwärts.« Katharina bedankte sich bei ihm mit feinen Zobelpelzen und setzte ihre »Plünderung« europäischer Kunstschätze fort. Als sie schließlich 1790 damit aufhörte, beherbergte die Eremitage die größte Sammlung des Kontinents.

DIE MÄDCHENZEIT DER HEILIGEN JUNGFRAU Guido Reni

PORTRÄT EINER FLÄMISCHEN DAME Anthonis van Dyck

DIE AUFFINDUNG DES MOSES, Paolo Veronese

DANAË, Rembrandt van Rijn

SEITE 126/127: *Auf diesem Ausschnitt von Rembrandts »Danaë« treten die üppigen Formen der Titelfigur unter dem warmen, goldenen Licht besonders eindrucksvoll hervor. Sie wurde von ihrem Vater, der im Hintergrund zu sehen ist, eingesperrt, nachdem ihm das Delphische Orakel geweissagt hatte, daß er von einem Sohn seiner Tochter getötet würde.*

V

NIKOLAUS UND ALEXANDRA

ÜBERRASCHUNGEN VON FABERGÉ

Als Nikolaus II. aus dem Haus Romanow offiziell mitgeteilt wurde, daß er nach dem Tod seines Vaters, Alexander III., zum Zar gekrönt werden sollte, brach er in Tränen aus. »Ich bin noch nicht bereit, Zar zu werden«, meinte der sechsundzwanzigjährige Prinz. »Ich weiß nichts vom Geschäft des Regierens, ich weiß nicht einmal, wie ich meine Minister anreden muß.« Eine kurze Zeit dachte Nikolaus an die Möglichkeit, die Krone zurückzuweisen, doch dann siegte sein Pflichtgefühl, und er beugte sich »unter die Bürde, die ich immer gefürchtet habe«.

Der schüchterne und entscheidungsschwache Zarewitsch hatte noch nie viel Begeisterung für das Amt des Vaters gezeigt. Während seiner Militärdienstzeit erwies er sich so sanft und zurückhaltend gegenüber jedermann, daß man ihn den »kleinen Oberst« taufte. Und der ihn verachtende Alexander, ein barscher, plumper Bär von einem Mann, hatte seinem Sohn tatsächlich kaum die Chance geboten, »das Geschäft des Regierens« zu erlernen.

Der unerfahrene und persönlichkeitsschwache Nikolaus II. trat zudem das Erbe einer Nation an, die seit Jahrzehnten zwischen Reform und Repression hin- und hergerissen wurde. Zunächst hatte sich Katharinas Enkel Alexander I., der im Jahr 1801 den Thron bestiegen hatte, noch als Reformer gezeigt. Er begnadigte politische Gefangene, löste die Geheimpolizei auf und – was wohl am bedeutendsten war – gewährte vierzehn Millionen vom Staat zwangsverpflichteten Bauern Landkaufprivilegien. Doch seine Neuerungen kamen im Jahr 1812 abrupt zum Stillstand, als Napoleon Bonaparte in Rußland einfiel. Nach dem Sieg über die Fran-

Nikolaus II. und seine Gattin Alexandra in festlichen Staatsroben. Der Zar war ein liebevoller Familienvater, aber ein leidenschaftsloser Herrscher. Vergeblich versuchte Alexandra, ihn zu entschlosseneren Auftreten zu bewegen.

zosen wandelte sich Alexander zum unerbittlichen Konservativen. Das führte zur Gründung zahlloser politischer Geheimbünde und Organisationen, deren Mitglieder von den liberalen Ideen, die von Westeuropa herüberkamen, angesteckt waren. Eine dieser Gruppen inszenierte im Dezember des Jahres 1825 einen Aufstand, um die Thronbesteigung des Nachfolgers von Alexander I., dem erzreaktionären Nikolaus I., zu verhindern. Doch die nach dem russischen Wort für Dezember benannten Dekabristen wurden durch die Truppen des neuen Zaren rasch besiegt. Sie sind als Freiheitshelden zu bewunderten Idealgestalten aller Feinde des »Zarismus« geworden.

Nikolaus' I. Sohn, Alexander II., führte ein eher liberales Regiment. Im Jahr 1861 wagte er den entscheidenden Schritt zur Aufhebung der Leibeigenschaft. Doch da die Bauern das Land, das sie nun als Freie hätten anbauen können, erst erwerben mußten, blieben viele Millionen wie zuvor an die Güter ihrer alten Herren gekettet. Diese wie andere Reformen Alexanders brachten sowohl die Reaktionäre wie die Liberalen gegen ihn auf, da sie den einen zu weit, den anderen nicht weit genug gingen. Die Studenten rebellierten, und in Moskau herrschte zeitweilig der Terror. Und im Jahr 1881 wurde der Zar dann nach verschiedenen vorausgegangenen Anschlägen von einer von Terroristenhand geworfenen Bombe schwer verletzt. Sein verstümmelter Körper wurde in den Palast getragen, wo er im Kreis seiner Familie und in Anwesenheit seines damals dreizehnjährigen Enkels Nikolaus starb.

Unter Alexander III. kamen alle Reformbemühungen zu einem Ende. Er bestieg den Thron zu einer Zeit, als auch Rußland sich durch die beginnende Industrialisierung zu verändern begann; vor allem durch die Tausende von Kilometer langen neuen Eisenbahnlinien. Dieser Zar hielt zäh an der Alleinherrschaft fest. Er verschärfte die Zensur und beschnitt die Autorität lokaler Verwaltungs- und Regierungsstellen. Rußland zählte damals einhundertdreißig Millionen Einwohner, und Alexander brachte es fertig, so gut wie jede ihrer Gruppen und Klassen gegen sich aufzubringen – die Bauern, die Intelligenz und das rapid wachsende städtische Industrieproletariat, das sich die selbst produzierten Güter nicht leisten konnte. Als Alexander starb, stand Rußland am Rande der Revolution.

Doch der jugendliche Nikolaus II. kümmerte sich mehr um sei-

Anläßlich der Krönung von Nikolaus II. im Jahr 1896 erstrahlte Moskau im Glanz elektrischer Lampen und Fackeln. Während der Feierlichkeiten kam es zu einer Massenpanik, bei der mindestens tausend Menschen starben. Viele hielten das für ein böses Omen.

ne Frau Alice, eine Prinzessin aus Hessen, die sich nach ihrem Übertritt zur Orthodoxie Alexandra nannte, als um sein chaotisches Reich. Selten dürfte eine Beziehung zwischen zwei Monarchen so belastet gewesen sein mit Emotionen und Katastrophen wie die von Nikolaus und Alexandra. Die deutsche Prinzessin, eine Enkelin Königin Viktorias von England, traf Nikolaus zum erstenmal im Jahr 1884, als sie zwölf und der Zarewitsch sechzehn war. Jahre später trafen sie sich wieder, verliebten sich und heirateten kurz nach dem Tod Alexanders III. Außer Nikolaus selbst gab es nicht viele am Hof von St. Petersburg, die Alexandra Sympathien entgegenbrachten. Die schmallippige, ernsthafte und arrogante Zarin machte umgekehrt auch kein Hehl aus ihrer Abneigung gegen die vergnügungssüchtige und frivole Hofgesellschaft. »Die Köpfe der jungen Damen enthalten nichts als Schwärmereien für die Offiziere der Leibgarde«, beklagte sie sich. Damit hatte sie bestimmt recht, doch diese Art von Kritik machte sie bei Hof kaum beliebter. Alexandra schien das nicht zu stören. Sie hatte ja ihren Nikolaus, und ihre gegenseitige Zuneigung konnte selbst durch die Auflösungserscheinungen ihres Reichs nicht gefährdet werden.

Anläßlich seines Krönungsfestes im Mai 1896 beging der neue Zar seinen ersten schwerwiegenden Fehler. Entsprechend der Tradition hatten sich fünfhunderttausend Menschen auf dem Chodynkafeld vor den Toren Moskaus versammelt, um den neuen Zaren zu feiern und sein Freibier zu trinken. Als das Gerücht die Runde machte, das Bier würde nicht für alle reichen, brach eine Panik aus, bei der mehr als tausend Menschen zu Tode getrampelt wurden. Zunächst wollten Nikolaus und seine Gattin den vom französischen Botschafter ausgerichteten Ball am Abend absagen. Aber dann ließ sich der Zar überzeugen, daß er dadurch die Franzosen beleidigen würde, die nicht nur wertvolles Tafelsilber, Porzellan und Gemälde aus ihrem Staatsschatz, sondern auch Tausende von Rosen nach Moskau beordert hatten. Und während in den Moskauer Spitälern die Schwerverletzten stöhnten und die Toten auf Karren zu den Friedhöfen gebracht wurden, eröffneten Nikolaus und Alexandra den Ball mit dem ersten Tanz. Obwohl der Zar später die Opfer entschädigte, galt das kaiserliche Paar beim Volk als kalt und unmenschlich.

Trotz seines Pflichtgefühls bestieg Nikolaus den Thron ohne fe-

Marius Petipa, der fast diktatorisch ein halbes Jahrhundert lang das russische Ballett beherrschte.

BALLET RUSSE

Wie viele andere russische Hoftraditionen wurde auch das klassische Ballett von Frankreich übernommen – jener Nation, die den Lebensstil an den europäischen Höfen prägte. Nach 1850 erlebte das französische Ballett wohl einen Niedergang, doch dann unterstützten die Zaren eine kaiserliche Ballettschule in St. Petersburg, die die brillantesten Tänzer der Zeit hervorbrachte. Unter Nikolaus II. erreichte diese Kunst ihren Höhepunkt. Zweimal pro Woche gab es im Mariinskij-Theater ausverkaufte Vorstellungen. Die Ballett-Truppe bestand aus 180 Mitgliedern, und die Primaballerina war vor Nikolaus' Heirat jeweils seine Mätresse. Die kaiserliche Ballettschule verdankte ihren Ruhm vor allem dem in Frankreich geborenen Marius Petipa, der ihr von 1862 bis 1903 vorstand. Er bildete nicht nur eine Vielzahl hervorragender Tänzer aus, sondern arbeitete auch mit großen Komponisten wie etwa Peter Iljitsch Tschaikowski zusammen, so zum Beispiel beim Entstehen der Werke »Schwanensee« und »Der Nußknacker«, die neue Maßstäbe für das internationale Ballett setzten.

Mitglieder der von Petipa geleiteten Ballett-Truppe als Schneeflocken in der »Nußknacker

Iraufführung im Jahr 1892.

ste Pläne oder Vorhaben; er besaß keine andere Philosophie, als alles so zu machen, wie es auch »der selige Papa« wohl gemacht hätte – wobei er sich fast ausschließlich auf dessen Minister verließ. Schaltete er sich doch einmal persönlich in Entscheidungen ein, hatte es fast immer verheerende Folgen. So beispielsweise im Jahr 1903, als sich Nikolaus davon überzeugt zeigte, daß »ein kleiner siegreicher Feldzug«, wie einer seiner Minister es formulierte, den revolutionären Funken zu Hause auslöschen würde. Die weitere Ausdehnung nach Ostasien hinein war der Traum vieler russischer Politiker und ihrer Hintermänner, weshalb Nikolaus sich mit den Japanern anlegte, die er in Überschätzung der eigenen Kräfte in Korea herausforderte. Abgesandte des japanischen Kaisers warnten ihn vor dem Krieg, aber er stellte sich taub. Die Antwort kam im Februar 1904 mit Kanonendonner, als die japanische Flotte überraschend Port Arthur angriff und die vor Anker liegenden russischen Schiffe versenkte. Das war die erste einer Serie demütigender Niederlagen, die das innere Gefüge des Zarismus erschütterte. Die Japaner vertrieben die Russen aus Korea und zerstörten bei einer der größten Seeschlachten der Geschichte vor der Insel Tsuschima eine weitere von Nikolaus aus der Ostsee abgezogene russische Flotte. Der »kleine Krieg gegen den japanischen Zwerg« löste im Jahr 1905 die erste russische Revolution aus. Am sogenannten »Blutigen Sonntag« marschierten ungefähr dreißigtausend Arbeiter und ihre Familien, angeführt von dem visionären Priester Georgi Gapon, durch die Straßen von St. Petersburg zum Winterpalais, um dem Zaren eine Petition zu überreichen, in der sie gegen ihre Arbeitsbedingungen protestierten. Das Militär aber schoß den vorher mit der Polizei abgestimmten Demonstrationszug zusammen, wobei mehr als tausend Männer, Frauen und Kinder getötet oder verwundet wurden. Dabei starb auch der Glaube der kleinen Leute an den Zaren als Beschützer des Volks. Einige Tage nach dem Massaker erklärte Gapon: »Es gibt keinen Zaren mehr. Zwischen ihm und seinem Volk steht das Blut unserer Kameraden.« Nach dem »Blutigen Sonntag« war Nikolaus der »blutige Zar« und die Zarin »dieses deutsche Weib«.

Terror und Mord wurden in Moskau und St. Petersburg fast alltäglich. Eines ihrer ersten Opfer war der Generalgouverneur von Moskau, Sergej Alexandrowitsch. Bei der Fahrt durch den Kreml explodierte eine Nitroglyzerinbombe in seinem Schoß. Die

FORTSETZUNG SEITE 138

George V. von England, rechts, und Nikolaus II., zweiter von links, waren Vettern und sahen sich verblüffend ähnlich. Mit von der Partie sind der Prinz von Wales, links, und Zarewitsch Alexei. Der vergoldete und emaillierte Rahmen stammt aus der Werkstatt von Fabergé.

FAMILIEN-SCHNAPPSCHÜSSE

Die letzten Romanows – vor allem der Zar selbst – waren von der Kunst des Fotografierens fasziniert. Obwohl der Zar den Regierungsgeschäften sonst recht gleichgültig gegenüberstand, beauftragte er seine Hoffotografen, alle wichtigen Staats- und Familienereignisse im Bild festzuhalten. Abzüge verschenkte er gern an verdiente Würdenträger oder bevorzugte Besucher. Der Zar beschäftigte für das Entwickeln und Abziehen seiner Privatfotos einen eigenen Laboranten, der ständig beschäftigt war. Abends saßen dann der Zar, die Zarin und die fünf Kinder zusammen und klebten Fotos in grüne, ledergebundene und goldbossierte Alben. Nikolaus, sonst ein sehr beherrschter Mann, geriet jedesmal in Wut, wenn jemand zu viel Klebstoff verbrauchte.

Die Lieblingsfotos wurden im ganzen Palast verteilt, nachdem man sie mit eleganten Rahmen aus den Werkstätten des Hofgoldschmieds Fabergé versehen hatte. Zu dessen berühmtesten Arbeiten gehören die kaiserlichen Ostereier (Seite 145–169). Fabergé und seine Kollegen waren nicht nur Meister in der Goldbearbeitung und der Entwicklung neuer Emaillierungsverfahren, die nie zuvor erreichte Farbeffekte ermöglichten, sondern führten auch den Gebrauch oxidierten Silbers ein. Dabei nahmen sie auf den Charakter des Fotos und den persönlichen Geschmack seines Eigentümers sowohl vom Material wie von der Gestaltung des Rahmens her Rücksicht. So war jedes Foto doppelt kostbar – sowohl als Kunstwerk wie als liebe Erinnerung.

Das Durcheinander von Fotografien auf dem Tisch von Nikolaus' Vater, Alexander III., täuscht über den Wert der kostbaren Rahmen hinweg. Alexander regierte von 1881 bis 1894, als das Sammeln wertvoll gerahmter Familienfotos unter den Wohlhabenden gerade in Mode war.

ALEXANDRA

TATJANA

MARIE (LINKS) UND ANASTASIA

OLGA

Die Fotografien von Zarin Alexandra und ihren vier Töchtern, die offiziell alle den Titel einer Großfürstin trugen, sind von reich verzierten, aber konventionell gestalteten Rahmen gefaßt, wie der kaiserliche Hof sie vorzog. Die dekorativen Goldkränze und gekreuzten Pfeile auf dem Rahmen oben sowie die schimmernden Girlanden rechts sind Standardornamente, wie sie in Europa seit Jahrhunderten Verwendung fanden. Die hier abgebildeten Rahmen, die alle aus den Werkstätten von Fabergé stammen, zeigen nur 4 von 144 zur Verfügung stehenden Emailschattierungen. Alexandra, links, trägt eine Kokoschnik, eine dem traditionellen Kopfputz nachempfundene Krone – vielleicht um sich bei ihren Untertanen beliebt zu machen, bei denen sie allgemein als arrogant galt.

FORTSETZUNG VON SEITE 133

Explosion war so stark, daß man später einige seiner beringten Finger auf einem nahegelegenen Dach fand. Das Zarenpaar nahm nicht an der Bestattung teil, aus Angst um die eigene Sicherheit.

Aber auch in ihrem Privatleben zeichnete sich eine Tragödie ab. Nachdem Alexandra vier gesunde Töchter zur Welt gebracht hatte, schenkte sie im Juli 1904 einem Thronfolger das Leben. Die Freude des hohen Paars über Zarewitsch Alexei schlug zehn Wochen später in Verzweiflung um, als sich herausstellte, daß der Junge an der erblich bedingten Bluterkrankheit litt.

Das von allen Seiten bedrängte Paar zog sich immer mehr in seine Privatresidenz Zarskoje Selo – oder »das Dorf des Zaren« – zurück, ein Anwesen von achthundert Morgen mit Palästen und großzügigen Parkanlagen, zwanzig Kilometer südlich der Hauptstadt gelegen. Dieses »verzauberte Märchenland«, wie es von einem Besucher beschrieben wurde, verdankt seine Entstehung Elisabeth, der Tochter Peter des Großen. Die pedantisch gepflegten riesigen Rasenflächen wurden durch vielfältige Akzente bereichert – Obelisken, Triumphbogen, Gedenksteine und einen künstlichen See. Ein rosafarbenes Türkisches Bad in der Nähe des Sees und eine in leuchtendem Rot und Gold erstrahlende chinesische Pagode auf einem künstlich aufgeschütteten Hügel verstärkten die exotische Note.

Nikolaus wohnte am liebsten in dem relativ bescheidenen neoklassischen Alexander-Palais, das im Jahr 1792 für Katharina die Große in Auftrag gegeben worden war. Seine hundert Gemächer waren von Generationen russischer Monarchen mit sehr viel Gold, Samt und Kristall ausgeschmückt worden, ganz in dem für sie typischen bombastischen Stil. Alexandra aber stattete nun den von der Familie bewohnten Flügel mit Chintz und eleganten englischen Möbeln aus, so daß er eher einem Landsitz in Surrey glich. Ihr Boudoir war ganz in Malve, ihrer Lieblingsfarbe, gehalten. Als sie sich immer mehr aus dem öffentlichen Leben zurückzog, verbrachte sie hier viele Stunden inmitten malvenfarbener Polster und Kissen, umschmeichelt vom Duft frischer Veilchen, Lilien und Rosen. Das einzige der vielen Bilder im Raum, das weder familiären noch religiösen Charakter hatte, war ein Porträt Marie Antoinettes, der ergebenen Gattin Ludwigs XVI., des letzten französischen Königs vor der großen Revolution.

Das Leben der Zarenfamilie im Alexander-Palais verlief in der

Mit einer Ikone in der Hand segnet Zar Nikolaus II. die an die russisch-japanische Front befohlenen Soldaten während des Kriegs von 1904–1905. Er und seine Minister hatten diesen Krieg in der Hoffnung begonnen, dadurch von den inneren Spannungen ablenken zu können. Doch Rußlands rasche Niederlage führte zu einem weiteren Autoritätsverlust des Zaren.

entspannten und genießerischen Atmosphäre der Mittelklasse. Nach dem Abendessen saßen die Damen über ihrer Strickarbeit, während Nikolaus vorlas. Die Abgeschiedenheit in Zarskoje Selo entfremdete den Zaren von den Realitäten seines geplagten Reichs. Höchstwahrscheinlich aber war ihm das völlig gleichgültig. Er beschloß den Tag in einer weiß gefliesten Badewanne und machte Eintragungen in sein Tagebuch.

Für Familienkreuzfahrten stand die kaiserliche Yacht zur Verfügung, ein schnittiger, dampfgetriebener kleiner Kreuzer mit viertausendfünfhundert Tonnen, der in Dänemark gebaut worden war. Er bot nicht nur Platz für die kaiserliche Familie, die Bordbesatzung und eine Abordnung Marinesoldaten, sondern auch noch für ein Blas- und ein Balalaikaorchester. Nikolaus genoß es, von vielen seiner feudalen Kollegen darum beneidet zu werden.

Die faszinierenden Schätze des Zaren aber waren weder seine Paläste noch seine Yacht, sondern die exquisiten Kreationen seines Hofgoldschmieds Carl Fabergé. Die aus seiner Werkstatt in St. Petersburg stammenden Arbeiten entsprachen höchsten Ansprüchen und wiesen ihn als Meister der Miniatur aus. Er zauberte beispielsweise aus einem Goldfaden, Jade und Mondsteinchen einen winzigen Mistelzweig. Unter seiner Anleitung entstanden fein ziselierte Kostbarkeiten zur Freude seiner Kunden – Zigarettenetuis, Miniatursonnenschirme aus Elfenbein und sogar ein goldenes Miniatur-Reiterstandbild von Peter dem Großen.

Fabergés berühmteste Arbeiten befanden sich in der sogenannten »Ostereiersammlung«, die er für Alexander III. und Nikolaus II. schuf. Das erste dieser »Eier« entstand im Jahr 1884 und war ein Geschenk Alexanders an seine Frau. Im Innern des »Eigelbs« fand sich ein winziges Küken aus Gold, das seinerseits ein Krönchen barg, in dem ein Rubinanhänger verborgen war. Der Meister fertigte sechzig dieser Prachtstücke, in denen sich von winzigen Palastnachbildungen bis zum Modell der zehn Zentimeter langen Krönungskutsche mit gepolstertem Innern und platingefaßten Reifen immer neue wertvolle Überraschungen verbargen. Wenn Nikolaus an einem glücklichen Ostermorgen eine dieser einfallsreichen Schöpfungen in der Hand hielt, dachte er vielleicht an die Zustände in seinem Reich; denn diese Meisterwerke verkörperten alles, was es dort nicht gab: Ausgewogenheit, Präzision, Funktionalität, Schönheit.

DER HEILIGE TEUFEL

Eine der schwersten Prüfungen im Leben von Nikolaus II. und Alexandra war das Schicksal ihres Sohnes Alexei, der an der Bluterkrankheit litt. In ihrer Verzweiflung suchte die Zarin Hilfe bei einem selbsternannten Wunderheiler – bei Rasputin, einer der schillerndsten Gestalten, die Rußland je hervorbrachte.
Dieser verheiratete Bauer und vagabundierende Pilger beeindruckte vor allem durch sein Äußeres: Er war groß, trug einen mächtigen, ungepflegten Bart und besaß »zugleich stechende und liebkosende Augen«, wie ein zeitgenössischer Beobachter meinte. Außerdem konstatierte er an ihm einen »starken, tierischen Geruch«. Wahrscheinlich mit Hilfe von Hypnose schien es Rasputin zu gelingen, die Krankheit des Zarewitsch zum Stillstand zu bringen – und nebenbei zahllose Frauen der besseren Gesellschaft zu verführen. Trotzdem hielten seine kaiserlichen Schutzpatrone an ihm fest. Als der Zar im Ersten Weltkrieg an der Front weilte, konnte Rasputin über Alexandra sogar auf politische Entscheidungen einwirken.
Deshalb beschlossen 1916 aufgebrachte Monarchisten, darunter Fürst Felix Jussopow, der mit einer Nichte des Zaren verheiratet war, ihn umzubringen. Doch das war gar nicht so leicht. Zuerst lockten die Mörder den »heiligen Teufel«, wie er inzwischen genannt wurde, in einen Keller und bewirteten ihn mit vergiftetem Wein und Kuchen. Als das keine Wirkung zeigte, feuerte ihm Jussopow mehrere Kugeln in den Leib, die Rasputin zu Boden streckten. Doch er kam wieder hoch und floh in den Schnee hinaus. Die Verschwörer schleppten ihn darauf zur Newa, fesselten ihn und drückten ihn durch einLoch im Eis unter Wasser. Als man einige Tage später seine Leiche fand, waren seine Hände wieder frei.

Rasputin nimmt inmitten einer Schar hochgestellter Verehrerinnen in St. Petersburg den Tee ein. Der verheiratete Vater von drei Kindern war ein berüchtigter Frauenheld.

Nach dem »Blutigen Sonntag« brachen in ganz Rußland Streiks und Revolten aus. Die Studenten gingen auf die Straße, die Bauern erhoben sich, und ein Druckerstreik in Moskau löste eine Kettenreaktion aus, die zum ersten Generalstreik des Landes führte. Der Zar verspricht darauf im August eine Duma (Parlament) und erläßt im »Oktobermanifest« eine Verfassung, die die Bürgerrechte sichern soll. Außerdem verspricht er Wahlen. Doch das alles reichte vielen Millionen seiner Untertanen nicht.

Normalerweise war der Zar höchst ungeschickt bei der Auswahl seiner Minister und Berater. Aber in Pjotr Stolypin fand er einen Ministerpräsidenten von großer Intelligenz und eisernem Willen. Als dieser im Jahr 1906 sein Amt antrat, setzte er sofort eine große Anzahl von Standgerichten ein, die innerhalb von achtundvierzig Stunden ihre Urteile vollstrecken konnten. Bis Jahresende hatten sie vierzehntausend Revolutionäre und Kriminelle vom Leben zum Tod befördert.

Parallel zu diesen gewalttätigen Unterdrückungsmaßnahmen setzte Stolypin aber auch tatsächliche Reformen durch. Obwohl er ein überzeugter Konservativer war, strebte er eine konstitutionelle Monarchie nach britischem Vorbild an. Außerdem stellte er große Ländereien der Krone zum Aufbau selbstversorgender Höfe und Güter zur Verfügung. Hätte Rußland noch die notwendige Zeit gehabt, bis diese Reformen gegriffen hätten, würde der Zarismus wahrscheinlich das Schicksalsjahr 1917 noch eine Weile überdauert haben. »Gebt uns zehn Jahre«, hatte ein Großgrundbesitzer gemeint, »und wir sind über dem Berg.« Aber der Erste Weltkrieg zerstörte diese Hoffnungen.

Stolypin selbst sollte den Ersten Weltkrieg nicht mehr erleben. An einem Septemberabend des Jahres 1911 wurde er bei einem Opernbesuch in Kiew von einem Revolutionär angeschossen. Vier Tage später erlag der letzte wirklich fähige Minister des Zaren seinen Verletzungen. Und drei Jahre später ging Rußland in einen Krieg, bei dem es eigentlich um nicht mehr als sein verletztes Prestigegefühl ging. Doch auch die Kriegsgründe der anderen Nationen waren kaum überzeugender. Unvorbereitet wie gegen Japan, hatte die zaristische Armee allein im ersten Jahr annähernd vier Millionen Gefallene zu beklagen.

Während dieser trostlosen Zeit ging Alexandra eigene Wege. Die Zarin hatte aufgrund ihrer starren Religiosität eine Schwäche fürs Mystische und vor allem für einen ungepflegten, charismatischen »Heiligen«, der sich Rasputin nannte und vorgab, Wunder wirken zu können. Nachdem es bei der Bluterkrankheit des Zarewitsch ganz offensichtlich zu einer Remission kam, einem scheinbaren Rückgang, schrieb die Zarin dies dem Wundermann zu und machte ihn zu ihrem privaten Ratgeber. Nebenbei tat er sich trotz seiner schrecklichen Manieren als Beglücker der weiblichen Hofgesellschaft hervor. Zum Entsetzen der kaiserlichen Verwandtschaft und der politischen Würdenträger mischte er sich immer unverfrorener in die Staatsgeschäfte ein.

Als der Krieg ausbrach, war sein Einfluß auf Alexandra so groß geworden, daß er durch sie auch den Zaren zu manipulieren vermochte, der sich aus den politischen Tagesgeschäften fast ganz zurückgezogen hatte. Und auch an der Front war Nikolaus nicht mehr als eine militärische Galionsfigur. Alexandra schrieb ihm ständig Briefe, um ihm den Rücken zu stärken. In einem forderte sie ihn in fast hysterischem Ton auf, »sei endlich der Kaiser, sei Peter der Große, Iwan der Schreckliche … zermalme sie alle unter Dir!« Nikolaus schrieb zurück: »Meinen liebevollen Dank für die ernsten Ermahnungen …« Er unterschrieb mit: »Dein armes, schwaches Männchen«.

Im Dezember erreichte Nikolaus ein Brief der Gattin mit der Botschaft, »Rasputin ist verschwunden«. Einige Tage später entdeckte man seine Leiche in der Newa. Eine Gruppe von Verschwörern, unter Führung eines angeheirateten Neffen des Zaren, hatte den Wundermann zuerst durch Gift, dann mit einigen Schüssen zu ermorden versucht. Als er noch immer Lebenszeichen von sich gab, stießen sie ihn durch ein Loch im Eis in die Newa. Nikolaus kehrte nach Zarskoje Selo zurück und schien wochenlang am Rande eines Nervenzusammenbruchs. Während ihm die Macht entglitt, gab er sich immer autoritärer. Gegen Ende des Jahres riet ihm der britische Botschafter G. Buchanan, er müsse versuchen, »das Vertrauen seines Volks zurückzugewinnen«. Mit eisiger Arroganz erwiderte der Zar: »Meinen Sie wirklich, daß ich das soll? Wäre es nicht an ihm, *mein* Vertrauen zurückzugewinnen?«

Doch einmal zeigte diese Maske vor einem Besucher auch tiefe Risse. »Ist es wirklich möglich«, fragte er mit müde aufgestütztem Kopf, »daß ich zweiundzwanzig Jahre lang das Beste gewollt und zweiundzwanzig Jahre lang nur Fehler gemacht habe?«

Der Mob wirft ein Porträt von Nikolaus II. ins Feuer – eine Szene, die den Ausbruch der Russischen Revolution im März 1917 symbolisiert. Nachdem die Aufständischen die Hauptstadt und danach auch Moskau erobert hatten, dankte der Zar ab, was das Ende der Monarchie bedeutete.

Am 12. März 1917 brach das zaristische Rußland nach wochenlangen Streiks und Meutereien unter einem letzten großen Schlag zusammen. Soldaten der einhundertneunzigtausend Mann zählenden Garnison der Hauptstadt weigerten sich, auf streikende Arbeiter zu schießen, und liefen zu ihnen über. Nikolaus, der sich inzwischen wieder an der Front befand, nahm sofort den nächsten Zug zurück. Doch in Pskow, ungefähr zweihundertfünzig Kilometer von St. Petersburg entfernt, legten ihm seine Generale die Abdankung nahe. Der Zar stimmte zu und verzichtete in der Abdankungsurkunde auch für seinen Sohn auf den Thron. Der zunächst vorgesehene Nachfolger, Nikolaus' Bruder Michael, wies die Krone zurück, und so fanden die dreihundert Jahre absoluter Herrschaft der Romanow-Dynastie ihr Ende.

Während der kommenden sechzehn Monate internierte die provisorische Regierung den Exzaren und seine Familie als eine Art politisches Faustpfand. Alexander Kerenski, der im Juli 1917 neuer Ministerpräsident wurde, verhandelte mit Frankreich und England über ein mögliches Exil, doch beide Länder lehnten ab. Daraufhin mußten der Zar und seine Familie Zarskoje Selo verlassen und wurden – nicht zuletzt aus Sicherheitsgründen – in die abgelegene westsibirische Stadt Tobolsk gebracht.

Die Familie lebte dort in bescheidenem Komfort, wurde aber immer wieder an ihren veränderten Status erinnert, auch was die Etikette betraf. So stimmten die Wachmannschaften der Zarenfamilie darüber ab, daß Offiziere keine Epauletten mehr tragen sollten. Nikolaus, der fast während seiner gesamten Gefangenschaft seine alte Obristenuniform trug, mußte sich dem anpassen. Doch in seinem Zimmer legte er die Epauletten wieder an.

Das Schicksal der Romanows war besiegelt, als im November die Bolschewiki unter Lenin, der eigentlich Wladimir Iljitsch Uljanow hieß, die Macht an sich rissen. Zunächst noch vorsichtig, dann aber immer radikaler, machten sie sich an die »Säuberung« der russischen Gesellschaft – Monarchisten, Liberale, Grundbesitzer, Offiziere, rivalisierende Revolutionäre. Die Auslöschung der kaiserlichen Familie war vor diesem Hintergrund nicht mehr als ein administratives Detail. Als Lenin der Vollzug gemeldet wurde, blickte er nur kurz auf, bevor er mit dem Studium eines neuen Gesundheitsgesetzes fortfuhr.

Im April 1918 brachte man die Romanows unter Bewachung

In der einfachen Obristenuniform genießt Nikolaus II. im Kreis seiner Kinder auf dem Dach seines »Gefängnisses« die Sonne. Die Romanows waren fast ein Jahr lang in einem sibirischen Dorf inhaftiert, bevor die neu an die Macht gekommenen Bolschewiken im Jahr 1918 ihre Exekution beschlossen. Aufgrund eines kursierenden Gerüchts befürchteten sie die Befreiung der Zarenfamilie.

nach Jekaterinburg im mittleren Uralgebiet, wo man sie im Haus eines einheimischen Händlers erneut arretierte. Die Fenster im zweiten Stock des Gebäudes, in dem sie wohnten, waren weiß getüncht, so daß man weder hinaus- noch hereinsehen konnte. Die politischen Machthaber wußten noch immer nicht, wie sie mit ihnen verfahren sollten. Doch dann gab es im Juni Gerüchte über ihre mögliche Befreiung, worauf sämtliche ihrer Bewacher abrupt ausgetauscht wurden. Dann wurde früh an einem Julimorgen die ganze Gruppe, zu der auch der Hausarzt der Familie, ein Leibdiener, eine Zofe und ein Koch gehörten, ins Untergeschoß befohlen. Dort wurden die Unglücklichen von mehreren Wachmännern erschossen oder mit Bajonetten niedergemacht. Die Leichen trug man ins Freie, zerstückelte und verbrannte sie.

Während der Jahrhunderte, in denen die Zaren unangefochten über ihr riesiges eurasisches Reich befahlen, hatten sie ungeheure Schätze angesammelt. Sie besaßen zahllose Paläste und Edelsteine in solchen Mengen, daß sie sich darin wie Kinder im Herbstlaub hätten wälzen können. Machtbesessene und willensstarke Herrscher stampften Städte aus dem Boden und füllten dann ihre Paläste und Galerien mit Schiffsladungen voller Gemälde und Statuen. Ihre sakralen Kostbarkeiten beflügelten die Gläubigen, während die eher irdischen Insignien ihrer Macht die übrige Welt durch ihre ungeheuren Werte beeindruckten. Doch die dem letzten Zaren und seiner Familie verbliebenen Schätze hätten auf einer Seite im Bericht des Leichenbeschauers aufgelistet werden können. So fand man ein paar in die Kleidersäume der weiblichen Familienmitglieder eingenähte Edelsteine, bevor man die Leichen dem Feuer übergab. Der Zar und der Zarewitsch trugen jeweils eine wertvolle Gürtelschnalle. Dazu kamen noch ein paar Schuhschnallen, Alexandras Brillenetui, ein einzelner Perlohrring, eine Diamant-Saphir-Brosche, ein Teil eines Saphirrings, ein Kruzifix und drei Ikonen, auf denen die Gesichter der Heiligen mit Gewehrkolben eingeschlagen worden waren.

DIE LETZTEN OSTERPRÄSENTE

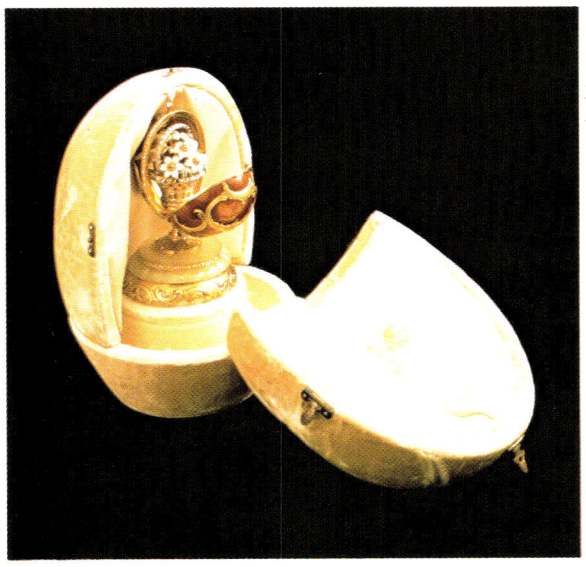

Das mit Samt und Seide ausgeschlagene Etui enthält eines der in den Werkstätten von Carl Fabergé angefertigten kaiserlichen »Ostereier«.

Das erste der von Fabergé angefertigten Osterpräsente. Die naturalistisch emaillierte »Schale« verbirgt einen goldenen »Dotter«, in dem sich ein fein modelliertes Goldhühnchen mit Augen aus Rubinen befindet.

Nichts symbolisiert die glitzernde, illusionäre Welt der letzten Romanows besser als die zu ihrem Vergnügen angefertigten Osterpräsente des Hofgoldschmieds Fabergé. Im zaristischen Rußland war Ostern das bedeutendste Kirchenfest, und die Menschen aller Schichten tauschten am Ostermorgen Eier – das Symbol der Auferstehung. Auf dem Land waren das rot bemalte Hühnereier, während die Aristokratie edelsteinbesetzte Goldeier austauschte. Diese Sitte kam wie so vieles andere vom französischen Hof; bereits im 18. Jh. überraschte man sich in Versailles mit solchen Kostbarkeiten. Aber nur wenige Stücke können sich mit den Kreationen von Fabergé messen, von denen die schönsten hier und auf den folgenden Seiten abgebildet sind.

Zar Alexander III. hatte das erste dieser Präsente (oben) im Jahr 1884 in Auftrag gegeben, im selben Jahr, in dem er Fabergé zum Hofgoldschmied ernannte. Dessen Unternehmen hatte bereits seit vierzig Jahren die europäische Aristokratie mit exquisiten Goldschmiedearbeiten versorgt. Das »Fabergé-Ei« wurde von nun an jährlich bestellt, und Nikolaus II. setzte diese Tradition nach 1894 fort. Er allerdings bestellte jeweils zwei dieser Präsente, eines für seine Mutter und eines für Alexandra. Es waren nicht nur die wertvollen Materialien, die das Entzükken des Beschenkten hervorriefen. Aufregender noch waren die im Ei verborgenen Überraschungen: Tiere oder ein Palast in Miniaturformat, ein winziges Porträt und vieles andere, was zu immer neuen Begeisterungsstürmen Anlaß gab. Normalerweise überbrachte Fabergé seine kleinen Wunderwerke persönlich, von denen er insgesamt achtundfünfzig schuf. Sie wurden dann am Ostermorgen unter vielen Umarmungen und Glückwünschen geöffnet und gemeinsam bewundert. Sie gingen von Hand zu Hand, und jedes Familienmitglied entdeckte ein neues Detail, das die anderen bisher übersehen hatten.

Ein unsichtbarer Mechanismus läßt dieses mit Maiglöckchen verzierte Ei aus dem Jahr 1898 sein Geheimnis preisgeben: Miniaturporträts des Zaren und seiner beiden ältesten Töchter. Das mit einer Krone verzierte Ei, das Nikolaus II. seiner Mutter, der Kaiserinwitwe Marie, verehrte, ist geöffnet 20 cm hoch.

SEITE 148/149: *Die Überraschung dieses grün emaillierten Goldeis, das Nikolaus II. 1912 seiner Mutter schenkte, besteht aus einem sechsteiligen Leporello mit den Fahnen und Emblemen der Regimenter, deren Ehrenoberst sie war.*

Dieses 30 cm hohe, aus leuchtend blauem Email auf Gold gefertigte Ei gehört zu Fabergés größten Kreationen. Zur vollen Stunde öffnet sich die Eikappe, und es erscheint ein blau, grün und gelb emaillierter Hahn, der mit dem Kopf nickt, die Flügel schlägt und kräht.

Im Innern des eiförmigen Bergkristalls befinden sich zwölf Darstellungen jener Paläste, die Alexandra bewohnt oder besucht hatte. Sie lassen sich um eine goldene Mittelachse drehen. Nikolaus II. überraschte seine Gattin mit diesem Meisterwerk im Jahr seiner Krönung, 1896.

Dieses Präsent für die Kaiserinwitwe enthält in vier Goldtönen ein fein ausgeführtes Miniaturmodell ihrer Lieblingsresidenz, des Gatschina-Palastes.

Das »Krönungsei« ziert das von zehn Diamanten umschlossene Monogramm Alexandras, das aus rosafarbenen Diamanten und Rubinen in weißem Email gebildet wird. Die gelbe »Schale« und die schwarzen kaiserlichen Adler (oben in den Ecken zu erkennen) entsprechen den Farben ihrer Krönungsrobe.

Die Anfertigung eines für den Zaren bestimmten Ostereis begann im Büro von Fabergé. Der Firmenpatriarch besprach dort jeden wichtigen neuen Auftrag mit seinen Handwerkern und Künstlern. Er selbst legte nicht Hand an. Dafür hatte er immer neue Ideen und verfügte außerdem über die Gabe, Menschen zu motivieren und Arbeiten zu delegieren. War man sich über den Entwurf einig, beauftragte Fabergé einen seiner Goldschmiedemeister mit der Ausführung. Sein Unternehmen bestand aus mehreren Werkstätten, denen jeweils ein Meister vorstand.

Der Hauptsitz seines Unternehmens in St. Petersburg, der sich in den neunziger Jahren des 19. Jhs. stark vergrößerte, umfaßte schließlich vier Stockwerke mit Werkstätten, die sich auf bestimmte Techniken wie Gold- und Filigranarbeiten, Emaillieren, Steinschneiden und Miniaturmalerei spezialisiert hatten.

In jeder Werkstatt arbeiteten Meister, Gesellen und Lehrlinge Hand in Hand. Einfachere Arbeiten wie das Anfertigen der Holzkästchen für den Transport der wertvollen Stücke übernahmen normale Handwerker. Soweit möglich, wurde nur eine Werkstatt mit der Ausführung eines bestimmten Auftrags betraut. Doch der Meister setzte auch Spezialisten aus anderen Abteilungen ein.

Der Erfolg von Fabergés Kreationen beruhte also keineswegs ausschließlich auf der Verwendung besonders wertvoller Materialien.

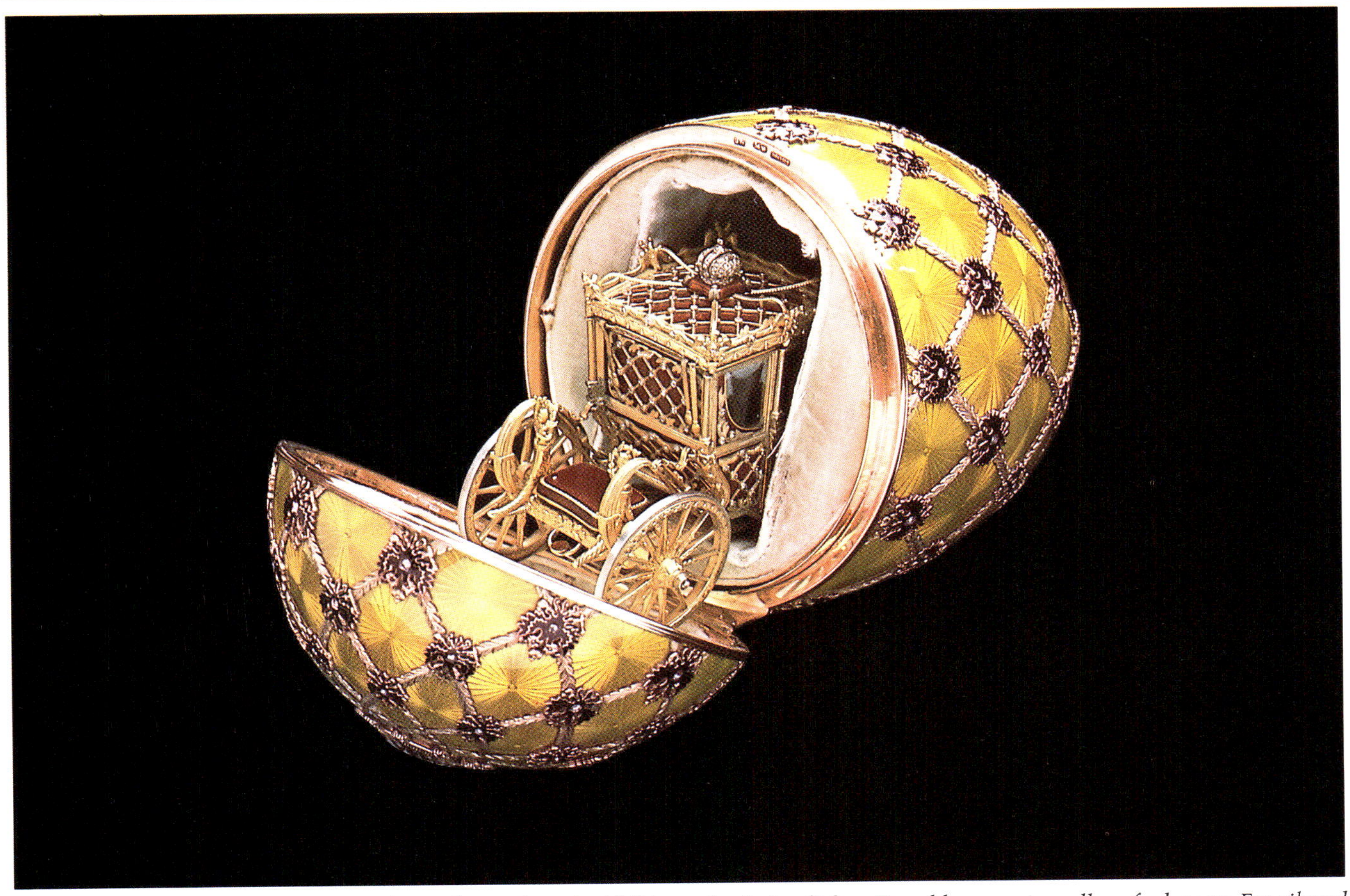

Öffnet man das »Krönungsei«, erscheint die exakte Nachbildung der kaiserlichen Prunkkarosse in erdbeerfarbenem Email und Gold. Auf dem Dach schimmert eine Krone aus rosafarbenen Diamanten, die von sechs winzigen Adlern bewacht wird.

Vielmehr benutzten seine Meister häufig einheimische Steine, Holz und Glas; doch die daraus entstehenden Stücke übertrafen aufgrund ihres Einfallsreichtums und ihrer Eleganz alles, was andere mit sehr viel wertvolleren Materialien vergeblich zu erreichen versuchten. Viele Stücke verdanken ihre unnachahmliche Schönheit vor allem der Oberflächenbeschaffenheit und den Farbschattierungen des Emails.

Die für den Zaren gefertigten Ostergeschenke repräsentieren den Höhepunkt im Schaffen Fabergés – aber auch die vielen hundert Arbeitsstunden, die fleißige Hände für die Ausführung seiner Ideen aufwenden mußten. Zu den ambitioniertesten Stücken gehört ganz zweifellos das Alexandra im Jahr 1897 überreichte »Krönungsei«, das hier, auf dem Faltblatt und auf den Seiten 160/161 zu bewundern ist. Das im Innern der prächtig gearbeiteten »Schale« verborgene Miniaturmodell der kaiserlichen Prunkkarosse ist eine Schöpfung von Georgi Stein, der jahrelang als Stellmacher gearbeitet hat und darüber hinaus in einem Museum in St. Petersburg weitere Nachforschungen für diesen Auftrag anstellte. Seine Augen waren so gut, daß er einen Diamanten lediglich ins Licht halten mußte, um noch den kleinsten Fehler zu erkennen. So konnte er auch bei der Arbeit an dieser Miniatur auf die Hilfe einer Lupe verzichten. Insgesamt arbeitete er fünfzehn Monate daran. Im Haus Fabergés ließ man sich Zeit, wenn es um die Schaffung eines Meisterwerks ging.

Die etwa 9 cm lange Kutsche ruht auf einem kunstvoll geschwungenen Chassis. Das Ei selbst mißt 11,5 cm. Beide Stücke haben eine durchscheinende emaillierte Oberfläche, die dadurch erreicht wird, daß man mehrere Schichten klaren Emails bei sehr hohen Temperaturen auf einer Metallunterlage miteinander verschmilzt. Die in das Gold gravierten Ornamente schimmern dann durch die sorgfältig polierte Oberfläche. →

Bei geöffnetem Kutschenschlag läßt sich ein Ausstieg herausklappen. Weitere authentische Details sind die scharlachrote Plüschpolsterung, die Fenster aus graviertem Bergkristall, die emaillierten Vorhänge hinter den Sitzen und – hier nicht zu sehen – die bemalte Wagendecke.

Die Rückseite der Karosse fällt durch den besonders kunstvoll gestalteten Dachrand auf, mit Quasten und Blumenornamenten sowie mythologischen Gestalten, die auch die echte Krönungskutsche schmückten. Die Räder sind mit schimmernden Platinstreifen beschlagen.

Das für die Kaiserinwitwe im Jahr 1895 angefertigte rosafarben emaillierte Ei enthält ein Leporello mit Miniaturdarstellungen der Paläste ihrer Kinderjahre in Dänemark. Von dem Sternsaphir gehen Bänder rötlich schimmernder Diamanten aus.

Dieses Miniaturmodell der Himmelfahrts-Kathedrale, in der traditionellerweise die Zaren gekrönt wurden, entstand im Jahr 1904. Sie enthält eine Spieluhr, die eine orthodoxe Hymne spielt. In zwei der aus Rotgold bestehenden Türme befinden sich Uhren mit Schlagwerken (rechts im Detail). Die Zifferblätter haben einen Durchmesser von 1,25 cm.

Der Stamm dieses Orangenbäumchens, dessen Blätter aus Nephrit – einem jadeähnlichen Gestein – geschnitten sind, ragt aus einem kunstvoll verzierten Quarzbehälter. Drückt man auf ein Knöpfchen, öffnen sich die oberen Blätter (links im Detail) und ein goldgefiederter Singvogel erscheint. Nikolaus schenkte das Bäumchen 1911 seiner Mutter zu Ostern; es war die letzte, verhältnismäßig ruhige Periode seiner Regierungszeit.

SEITE 168/169: *Diese Großaufnahme zeigt die einzigartige Kunst Fabergés: Zwischen den mit feinsten Äderchen versehenen Blättern blinken weiß emaillierte Blüten mit Diamantstempeln sowie winzige Edelsteinfrüchte. Ein Goldästchen verbindet jedes der Blätter mit dem Stamm.*

ZEITTAFEL

		HISTORISCHE EREIGNISSE		KUNST UND ARCHITEKTUR
DIE RURIKIDEN	R 1462–1505	Großfürst Iwan III. (der Große)	um 1472	Entstehung des Elfenbein-Throns
			1478	Fertigstellung der Uspenskij-(Mariä-Himmelfahrts-)Kathedrale
			1482–1490	Entstehung der Verkündigungs-Kathedrale; Kreml-Mauern und Türme werden gegen Überfälle besser ausgebaut
			1487–1491	Fertigstellung des Zarenpalasts mit der Granowitaja Palata in Moskau
	R 1505–1533	Großfürst Wassili III.	1505	Erzengel-Kathedrale wird in Auftrag gegeben
	1530–1584	Iwan IV. (der Schreckliche)	um 1547	Iwan richtet Werkstätten für Ikonen ein
	1547	Iwan IV. nimmt als erster Moskauer Herrscher den Zarentitel an und heiratet Anastasia Romanowna		
	1552	Iwan IV. erobert das Gebiet von Kasan		
	1553	Der engl. Reisende Richard Chancellor besucht Moskau		
	1556	Iwan IV. erobert Astrachan	1558	Bau der Kathedrale des hl. Basilius
	1570	Iwan IV. stiftet zum Massaker von Nowgorod an		
	1580	Iwan IV. erschlägt im Zorn seinen Sohn und Erben Zarewitsch Iwan		
	R 1584–1598	Fjodor I.		
	R 1598–1605	Boris Godunow	1600–1603	Bau des Erlöser-Tors
	1605–1613	Zeit der Wirren (»smuta«)		
	R 1605	Der Falsche Dimitri		
HAUS ROMANOW	R 1613–1645	Michail Romanow	um 1615	Kreml-Werkstätten für Gold- und Silberschmiedearbeiten werden eingerichtet
	R 1645–1676	Alexei Michailowitsch (der sanfte Zar)		
	1646	Alexei legalisiert die Leibeigenschaft		
	1650	Alexeis Armee massakriert die Einwohner von Pskow		
	1652–1660	Nikon, Patriarch von Moskau		
	1653	Nikons Kirchenreform und der Streit mit Alexei führen zur Spaltung der orthodoxen Kirche	1659	Alexei erhält den Diamant-Thron als Geschenk
	1662	Alexei befiehlt das Massaker an den Moskowitern	1666	Alexei beginnt mit dem Bau des hölzernen Palasts in Kolomenskoje
	R 1676–1682	Fjodor III.		
	1682–1689	Sofia Alexejewna ist Regentin		
	R 1689–1725	Peter I. (der Große)		
	1696	Peter I. besiegt die Türken bei Asow		
	1697	Peter I. beginnt seine Reise durch Westeuropa		
	1698	Der Aufstand der Strelitzen bringt Peter nach Rußland zurück; Peter I. beginnt Modernisierungsprozeß		
	1700–1720	Großer Nordischer Krieg gegen Schweden	1703	Peter I. beginnt mit dem Bau von St. Petersburg
	1712	St. Petersburg wird zur Hauptstadt Rußlands erklärt		

R = Regierungszeit

HAUS ROMANOW

	HISTORISCHE EREIGNISSE		KUNST UND ARCHITEKTUR
1719	Peter läßt seinen Sohn Alexei wegen vermuteten Hochverrats foltern; Alexei stirbt an den Folgen der Folter	1715	Bau des Peterhofs wird begonnen
R 1725–1727	Katharina I.		
R 1727–1730	Peter II.		
R 1730–1740	Anna Iwanowna		
R 1740–1741	Iwan VI.		
R 1741–1762	Elisabeth Petrowna		
		um 1745	Bau von Zarskoje Selo außerhalb von St. Petersburg wird begonnen
R 1762	Peter III.		
R 1762–1796	Katharina II. (die Große)	1763	Katharina kauft die erste umfangreiche Gemäldesammlung mit Werken vieler westeuropäischer Meister
		1769	Fertigstellung der Pläne für die Eremitage
1771	Katharina II. erobert die Krim		
1773	Kosaken verwüsten das östliche Rußland		
		1790	Die Eremitage umfaßt die größte Gemäldesammlung Europas
		1792	Katharina gibt den Alexander-Palast in Zarskoje Selo in Auftrag
1793	Katharina II. annektiert die Ukraine		
1795	Katharina II. gewinnt den größten Teil Polens		
R 1801–1825	Alexander I.		
1812	Napoleon marschiert in Rußland ein		
1825	Dekabristenaufstand		
1825–1855	Nikolaus I.		
R 1855–1881	Alexander II.		
1861	Alexander hebt die Leibeigenschaft auf		
R 1881–1894	Alexander III.	1876	Tschaikowski schreibt »Schwanensee«
R 1894–1917	Nikolaus II.	1884	Carl Fabergé fertigt das erste »Osterei« für die kaiserliche Sammlung
1894	Nikolaus II. heiratet Alexandra	1892	Tschaikowski schreibt »Der Nußknacker«
		um 1895	Das russische Ballett erreicht seinen Zenit
		1897	Entstehung des Fabergé-Eis mit der »Krönungskutsche«
1905	Russische Flotte wird in der Schlacht von Tsushima geschlagen		
1905	»Blutiger Sonntag« in St. Petersburg; Nikolaus erläßt »Manifest über die Freiheiten«; Rasputin beginnt Einfluß auf Alexandra zu nehmen und gewinnt immer mehr Macht am Hof		
1906	Peter Stolypin wird Nikolaus' II. Ministerpräsident; Reformen und neue Unterdrückung		
1911	Stolypin wird ermordet	1911	Nikolaus schenkt seiner Mutter das Fabergé-Ei »Orangen-Bäumchen«
1916	Rasputin wird ermordet		
1917	Februarrevolution; Zusammenbruch des kaiserlichen Rußland; Alexander Kerenski wird Ministerpräsident; Lenin und die Bolschewiken ergreifen die Macht		
1918	Exekution der Romanow-Familie		

DANKSAGUNG UND BILDQUELLENVERZEICHNIS

Abkürzungen:

BB/VAAP:	B. Bogdanova/VAAP, Moskau
BK/VAAP:	Boris Kuznetsov/VAAP, Moskau
DK/L:	Dmitri Kessel/Life © 1965 Time Inc.
FMC:	The Forbes Magazine Collection, N. Y.
NGA:	National Gallery of Art, Washington, D.C., Andrew W. Mellon Collection
NYPL:	New York Public Library
MMA:	Metropolitan Museum of Art, N. Y., Foto Sheldon Collins, 1979

Der Verlag dankt insbesondere Felix Rosenthal vom Time Bureau in Moskau für seine große Mühe und umfassende Mitarbeit an diesem Projekt.

Für ihre Mitwirkung an diesem Buch dankt der Verlag außerdem: Ira Bartfield und Barbara Bernard, Photographic Services, NGA; Jean Carroon, Photo Services, Walters Art Gallery, Baltimore, Maryland; Deanna Cross und Mary Dougherty, Photographic Services, MMA; Anatoli Dyuzhev, Botschaft der UdSSR, Washington, D. C.; Mr. und Mrs. Abraham Herenroth, N. Y.; Rosemary Jones, Virginia Museum, Richmond; Margaret Kelly und Barbara Pollack, FMC; Francis Norton, S. J. Phillips Ltd., London; Alison Pennie, Office of the Lord Chamberlain, London; Peter Schaffer, A La Vieille Russie, N. Y.; Vladimir Sichov, Paris; M. Urwick Smith, The Wernher Collection, Luton Hoo, Luton, England; Kenneth Snowman, Wartski, London; Alexander von Solodkoff, Russian and Icon Department, Christie's, London; Heinrich von Spretti, Department of Russian Works of Art, Sotheby's London; Harold Stream, Matilda Geddings Grey Foundation, New Orleans; Dr. Leonid Tarassuk, Department of Arms and Armor, MMA; Katrina Taylor, Hillwood Museum, Washington, D. C.; Ziolo, Paris; und den Mitarbeitern von VAAP, Moskau.

Karten: H. Shaw Borst

2: Novosti. 4–5: Editions Cercle d'Art/Ziolo, Paris. 6: © David Arky, 1982, A La Vieille Russie, N. Y. 11: National Museum, Kopenhagen. 12: Slavonic Division, NYPL. 13: NYPL. 14–15: Slavonic Division, NYPL. 16: MMA. 17: Editions Cercle d'Art/Ziolo, Paris. 18–21: MMA. 22–23: Slavonic Division, NYPL. 25, 27: BK/VAAP. 28: David D. Duncan, Castellaras, Frankreich. 29–31: MMA. 32–33: BK/VAAP. 34–39: MMA. 40–43: BK/VAAP. 44, 46: Novosti. 47: Bibliothèque Slave, Paris. 48–49: Novosti/The Image Bank. 50–51: MMA. 52: Claus Hansmann, Stockdorf. 53: BK/VAAP. 54–55: MMA. 56–57: Novosti/The Image Bank 58: Novosti. 59–60, 62–65: BK/VAAP. 66–67: TASS, Moskau. 68–74: BK/VAAP. 75: David D. Duncan, Castellaras, Frankreich. 77: Rijksmuseum, Amsterdam. 78: State Historical Museum, Moskau. 79: Collection Count Alexis Bobrinskoy, London. 80 (oben): Bibliothèque National, Paris. 80 (unten): Slavonic Division, NYPL. 82–83: NYPL. 84–85: Photo Bulloz. 86: Slavonic Division, NYPL. 87: Anne van der Vaeren/The Image Bank. 88–89: Jonathan Wright/Liaison Photo Agency. 90–91: George Holton/Photo Researchers. 92–93: Novosti/The Image Bank. 94–95: Jerry Cooke, N. Y. 96–97: Susan McCartney/Photo Researchers. 98–99: Malcolm Gilson/Alpha Photo Associates. 100: Wernher Collection, Photographic Archive, Mondadori, Mailand. 102–103: Novosti. 104: Anne S. K. Brown Military Collection, Brown University Library, Providence, Rhode Island. 105: Frick Art Reference Library, N. Y. 106 (oben): Christie's, Geneva. 106 (unten): S. J. Philips Ltd. London. 107: Novosti/The Image Bank. 108–109: BK/VAAP. 110: Bibliothèque Nationale, Paris. 111: Mansell Collection. 112: Slavonic Division, NYPL. 113: Bruce Davidson/Magnum. 114: NGA. 115 (oben links): DK/L. 115 (oben rechts): BB/VAAP. 115 (unten links): NGA. 115 (unten rechts)–119 (oben): BB/VAAP. 119 (Mitte): DK/L. 119 (unten)–121: BB/VAAP. 122 (obere Reihe – zweite Reihe links): NGA. 122 (zweite Reihe rechts): BB/VAAP. 122 (dritte Reihe): DK/L. 122 (vierte Reihe links): NGA. 122 (vierte Reihe rechts)–124: BB/VAAP. 125 (obere Reihe 1. Bild): DK/L. 125 (obere Reihe 2. Bild): BB/VAAP. 125 (obere Reihe 3. Bild): NGA. 125 (obere Reihe 4. Bild): Philadelphia Museum of Art, The George W. Elkins Collection. 125 (Mitte links): DK/L. 125 (Mitte rechts - unten links): NGA. 125 (unten rechts)–127: BB/VAAP. 128: Brown Brothers. 130–131: Rare Book Division, NYPL. 132–133: Novosti. 134–137: Virginia Museum, Richmond. 138–139: Popperfoto. 140–141: Roger-Viollet. 142–143: Anne S. K. Brown Military Collection, Brown University Library, Providence, Rhode Island. 144: BBC Hulton Picture Library. 145: H. Peter Curran/FMC. 146: Larry Stein/FMC. 147: Steven Mays, FMC. 148–149: Steven Mays, Matilda Geddings Grey Foundation, New Orleans. 150–151: Steven Mays, FMC. 152: Virginia Museum, Richmond. 153: Walters Art Gallery, Baltimore, Maryland, Foto Robert Forbes Collection. 154–161: Steven Mays, FMC. 162–163: Steven Mays, Matilda Geddings Grey Foundation, New Orleans. 164–165: MMA. 166–169: Steven Mays, FMC.

WEITERFÜHRENDE LITERATUR

Almedingen, E. und M. von, *Die Romanows. Geschichte einer Dynastie, 1613–1917*. Wien – München 1968.
Bechtolsheim, Hubert, *Leningrad. Biographie einer Stadt*. München 1980.
Burian, Jiři, *Der Kreml in Moskau*. Stuttgart 1975.
Coughlan, Robert, *Frauen auf dem Zarenthron*. Düsseldorf 1976.
Cronin, Vincent, *Katharina die Große*. Düsseldorf 1978.
Daškova, *Ekaterina Romanova, Erinnerungen. Katharina die Große und ihre Zeit*. München 1947.
Faensen, Hubert, *Kirchen im Moskauer Kreml*. Bern 1980.
Grey, Jan, *Iwan der Schreckliche*. Tübingen 1966.
Haslip, Joan, *Politik und Leidenschaft*. Stuttgart 1978.
Hellmann, Manfred, *Ivan IV., der Schreckliche. Moskau an der Schwelle der Neuzeit*. Göttingen 1966.
Hürlimann, Martin, *Leningrad*. Zürich – Freiburg 1977.
Kaus, Gina, *Katharina die Große*. Stuttgart – München 1980.
Knackstedt, Wolfgang, *Moskau. Studien zur Geschichte einer mittelalterlichen Stadt*. Wiesbaden 1975.
Lasareff, Viktor, *Frühe russische Ikonen*. München 1962.
Markowa, Waleria, *Der Kreml. Bauwerke und Kunstschätze*. München 1976.
Pross-Weerth, Heddy von, *Moskau. Von der Siedlung im Wald zur Kapitale einer Weltmacht*. Frankfurt/M. 1980.
Raskin, Abram, *Petrodworez (Peterhof)*. Bern 1978.
Schmidt-Voigt, Jörgen, *Russische Ikonen. Lebendige Vergangenheit*. München 1978.
Solouchin, Vladimir Alkseevič, *Schwarze Ikonen*. Salzburg 1978.
Troyat, Henri, *Die große Katharina*. München 1980.

REGISTER

Kursiv gesetzte Seitenzahlen beziehen sich auf Abbildungen und Bildunterschriften.

F

G

H

I

J

K

L

M

N

O

P

R

S

T

U

V

W

Z